DIOS EXISTE

YO ME LO ENCONTRÉ

ANDRÉ FROSSARD

DIOS EXISTE
YO ME LO ENCONTRÉ

Trigésima edición

EDICIONES RIALP
MADRID

Título original: *Dieu existe, je l'ai rencontré*

Manuel Uribe, 13-15, 28033 Madrid (www.rialp.com)

ISBN: 978-84-321-6380-7
Depósito legal: M-3622-2023

Impreso en España | Printed in Spain

Estilo Estugraf, S.L. Ciempozuelos (Madrid)

NOTA DEL EDITOR

No es frecuente en nuestros días que el relato en primera persona de una conversión alcance tantas ediciones y pueda encontrarse aún en las librerías después de casi tres décadas. Este es el caso de Dios existe, yo me lo encontré. *Su autor, André Frossard —de la Academia Francesa, fallecido en 1994—, ha sido uno de los intelectuales más influyentes de Francia durante el siglo* XX.

La vivencia que este libro describe es atrayente y luminosa, pues las conversiones «paulinas» no son muy frecuentes. En la mayoría de los casos, la apertura a la religión no está provocada por una experiencia personal insólita o extraordinaria.

Sin embargo, el caso de Frossard se incluye claramente en este tipo de conversiones, fruto de una gracia que algunos escolásticos llamarían «tumbativa». El propio autor, con sincera serenidad, describe su caso de esta manera: «Ha-

biendo entrado a las cinco y diez de la tarde en la capilla del Barrio Latino en busca de un amigo, salí a las cinco y cuarto en compañía de una amistad que no era de la tierra».

Frossard tiene entonces veinte años, es hijo de un comunista, vive en el único pueblo de Francia que no tiene iglesia y ha sido educado en el más recalcitrante jacobinismo laico y ateo —aquel que ni siquiera se plantea la existencia de Dios—, y por lo tanto, no sentía la menor curiosidad por la religión.

El cambio es tan evidente que su padre le lleva a un psiquiatra amigo, competente y... ateo. Y el médico le asegura que no tiene por qué inquietarse, pues lo que le ocurre a André es tan solo «un efecto de la gracia». Aquel psiquiatra tenía catalogada la «gracia» como un síntoma propio de los neurópatas y no contaba con más terapia para su curación que un despreocupado «ya pasará...».

Afortunadamente, el pronóstico no se cumplió, porque, como escribe Frossard: «Fue un momento de estupor que dura todavía. Nunca me he acostumbrado a la existencia de Dios».

Tal vez el éxito de este libro pueda atribuirse a que ofrece al lector uno de los testimonios más sinceros y conmovedores sobre ese fenómeno tan gratuito y a la vez laborioso que es una conversión. Mereció el Gran Premio de la Literatura Católica en Francia y se ha convertido en un clásico del género autobiográfico y testimonial.

«Si algunas de las ramas fueron desgajadas, y tú, siendo acebuche, fuiste injertado en ellas y hecho partícipe de la raíz, es decir, de la pinguosidad del olivo, no te engrías contra las ramas. Y si te engríes, ten en cuenta que no sustentas tú a la raíz, sino la raíz a ti. Pero dirás: Las ramas fueron desgajadas para que yo fuera injertado. Bien, por su incredulidad fueron desgajadas, y tú, por la fe, estás en pie, no te engrías, antes teme. Porque si Dios no perdonó a las ramas naturales, tampoco a ti te perdonará».

San Pablo (*Rom* 11, 17-21).

A mis padres.

«Los convertidos son molestos», dice Bernanos.

Por esa razón, y por algunas otras, he diferido mucho tiempo el escribir este relato. Es difícil, efectivamente, que uno hable de su conversión sin hablar de sí, y más difícil aún hablar de uno mismo sin caer en la complacencia o en aquello que los antiguos llamaban propiamente «ironía», forma disimulada de apartar el juicio ajeno atribuyéndose algunos defectos más de los que la verdad exige. Esto carecería de importancia si el testimonio no estuviera ligado al testigo, el uno apoyándose en el otro, de tal manera que corren el riesgo de ser recusados juntos.

He terminado, sin embargo, por persuadirme de que un testigo, incluso indigno, que acaba de saber la verdad sobre un proceso, está obligado a decirla en la esperanza de que ella obtendrá, por sus propios méritos, la audiencia que él no puede esperar de los suyos.

Pues bien, sucede que, sobrenaturalmente, sé la verdad sobre la más disputada de las causas y el más antiguo de los procesos: Dios existe. Yo me lo encontré.

Me lo encontré fortuitamente —diría que por casualidad si el azar cupiese en esta especie de aventura—, con el asombro de paseante que, al doblar una calle de París, viese, en vez de la plaza o de la encrucijada habituales, una mar inesperada que batiese los pies de los edificios y se extendiese ante él hasta el infinito.

Fue un momento de estupor que dura todavía. Nunca me he acostumbrado a la existencia de Dios.

Habiendo entrado, a las cinco y diez de la tarde, en una capilla del Barrio Latino en busca de un amigo, salí a las cinco y cuarto en compañía de una amistad que no era de la tierra.

Habiendo entrado allí escéptico y ateo de extrema izquierda, y aún más que escéptico y todavía más que ateo, indiferente y ocupado en cosas muy distintas a un Dios que ni siquiera tenía intención de negar —hasta tal punto me parecía pasado, desde hacía mucho tiempo, a la cuenta de pérdidas y ganancias de la inquietud y de la ignorancia humanas—, volví a salir, algunos minutos más tarde, «católico, apostólico, romano», llevado, alzado, recogido y arrollado por la ola de una alegría inagotable.

Al entrar tenía veinte años. Al salir, era un niño, listo para el bautismo, y que miraba en torno a sí, con los ojos desorbitados, ese cielo habitado, esa ciudad que no se sabía suspendida en los aires, esos seres a pleno sol que parecían caminar en la oscuridad, sin ver el inmenso desgarrón que acababa de hacerse en el toldo del mundo. Mis sentimientos, mis paisajes interiores, las construcciones intelectuales en las que me había repantigado, ya no existían; mis propias costumbres habían desaparecido y mis gustos estaban cambiados.

No me oculto lo que una conversión de esta clase, por su carácter improvisado, puede tener de chocante, e incluso de inadmisible, para los espíritus contemporáneos que prefieren los encaminamientos intelectuales a los flechazos místicos y que aprecian cada vez menos las intervenciones de lo divino en la vida cotidiana. Sin embargo, por deseoso que esté de alinearme con el espíritu de mi tiempo, no puedo sugerir los hitos de una elaboración lenta donde ha habido brusca transformación; no puedo dar las razones psicológicas, inmediatas o lejanas, de esa mutación, porque esas razones no existen; me es imposible describir la senda que me ha conducido a la fe, porque me encontraba en cualquier otro camino y pensaba en cualquier otra cosa cuando caí en una especie de emboscada: este libro no cuenta cómo he llegado al catolicismo, sino cómo no iba a él cuando en él me encontré. Este no es el relato de una evolución intelectual, es la reseña de un acontecimiento fortuito, algo así como el atestado de un accidente. Si creo necesario hablar de mi infancia con bastante detenimiento, no es, dignaos creérmelo, por sacar provecho de mis antecedentes, sino para que quede bien sentado que nada me preparaba a lo que me ha sucedido: también la caridad divina tiene sus actos gratuitos. Y si, a menudo, me resigno a hablar en primera persona, es porque está claro para mí, como querría que lo estuviese en seguida para vosotros, que no he desempeñado papel alguno en mi propia conversión.

Pero no basta con decirlo, hay que probarlo. He aquí los hechos.

La aldea de mi padre era la única de Francia en la que había sinagoga y no iglesia. Es, pasado Belfort, una tierra de hierba rasa y de niebla, una de esas tierras del Este, lentas para abrirse el sol, donde pálidos recuerdos de invasiones desfilan tras los bosquecillos. Las casas se calan hasta los ojos sus gorros de tejas a la alsaciana, y se apoyan en la pendiente para resistir al viento.

De tarde en tarde, algunos panes de piedra gris hundidos en la greda de los campos: son los hitos de la antigua frontera alemana o la tumba de un soldado; aquí un oficial austríaco con su casco grabado en el granito; allí abajo, Pégoud, el aviador, libélula rígida estrellada al borde de ese bosquecillo, después de una corta parábola de gloria y de llamas[1].

---

[1] Se refiere a Adolphe Pégoud, célebre aviador francés nacido en 1889. Fue el primero que rizó el rizo. Murió, derribado

Foussemagne: cuatrocientos habitantes, las alabardas negras de una patrulla de abetos en el horizonte, un círculo de arcilla y un tejar cuyas chimeneas desiguales, cita estacional de las cigüeñas, trazan dos trazos rojos sobre una trama de Brueghel gastado.

Atraída por el espíritu liberal de los señores del lugar, los condes de Reinach-Foussemagne, una colonia judía bastante numerosa se había establecido en el corazón del pueblo a fines de la Edad Media.

Por ello, no lejos de la alcaldía, la sinagoga de piedra rosa de Lorena, a decir verdad poco visitada salvo en las fiestas mayores, vasto edificio de estilo anónimo, traspasado de ventanas de medio punto con vidrieras de escalera burguesa, frecuentado por la silueta ajada del rabino, personaje discreto y pobre, casado en el anochecer de su vida con una señorita más retardada todavía; humildes gorriones levíticos de voz lastimera, cuya pobreza hacía decir a sus correligionarios, con una sonrisa de afectuosa conmiseración: «Rabino, mal oficio para un judío».

¿Practicaban los nuestros? Su religión parecía hecha de observancias jurídicas y morales

---

por los alemanes, en 1915. Aviones enemigos arrojaron flores sobre su tumba. *(N. del T.)*.

más que de ejercicios de piedad. Era preciso observar, y observaban en efecto, el descanso del sábado, las prescripciones de Moisés sobre el ayuno y la preparación de las carnes. Celebraban fielmente la Pascua, fiesta misteriosa con ceremonial provisto de tortas de pan ázimo, maravillosas de blancura y como punteadas de ampollas ligeramente tostadas por el calor del horno. Una vez al año, con la piel de cordero sobre los hombros, descendían hasta la sinagoga para preparar, mediante una noche de plegarias o de estación religiosa, el ayuno del Yom Kippur, que, al día siguiente, traía a veces a nuestra casa a algún hambriento furtivo al que observábamos, divertidos, rebuscar —como distraídamente— raíces secas o terrón de azúcar, hablando con animación desusada de la lluvia o del buen tiempo. ¿Creían? Sin duda. Para un judío, ser judío y creer todo es uno, y no podría negar a su Dios sin negarse a sí mismo. Pero jamás decían una palabra de religión entre nosotros, que éramos republicanos del rojo más subido.

Las dos comunidades vivían sin disputas ni atrincheramientos en sí mismas, y yo había pasado, de niño, una gran parte de mis vacaciones en ese pueblo heteróclito sin saber que existía, según algunos, un «problema judío». Los cristianos tenían sus fiestas, que iban a celebrar en los pueblos vecinos —donde había iglesias—, y los judíos tenían las suyas, que no caían en las mismas fechas. Los cristianos descansaban el domingo, los judíos el sábado, lo que proporcionaba en principio a todo el mundo las ventajas de una semana inglesa anticipada. Los cristianos tenían su cementerio, y los judíos, cerca de Belfort, el suyo: mi abuela está enterrada allí.

La línea divisoria de los espíritus no pasaba por la religión, sino por la política. Estaban los «negros», mirados por los «rojos» como los abusivos sobrevivientes de una era acabada. Negros como el uniforme de los matrimonios y de los entierros lugareños, negros como las sotanas de sus sacerdotes, negros como la noche de los tiempos que no los había sabido retener, votaban por las derechas, por los «grandes», aunque fuesen en su mayoría tan pequeños como pudiésemos serlo nosotros. Respetuosos con el orden, no soñaban en cambiarlo ni para hacerlo mejor, solo por la satisfacción de reverenciar y obedecer; al menos nos daban esa impresión.

El primero de los «rojos» era mi abuelo, guarnicionero de profesión, y que se declaraba republicano-radical. Era imposible llamarse más claramente revolucionario en ese tiempo y en ese lugar donde aún no había penetrado el socialismo. Por la noche obreros del tejar y campesinos republicanos se citaban en su tenducho y hablaban de política, mientras que, bajo la lámpara, él seguía cortando y cosiendo. Hablar de política era hablar de miseria. El obrero ganaba de cinco a diez cuartos diarios y creaba envidiosos entre los campesinos, a quienes apenas mantenían sus pocas fanegas de tierra avariciosa. Ninguna ley social protegía al uno, al que diez o doce horas de trabajo cotidiano no lograban sacar de la indigencia; el otro dependía del humor de las estaciones y no podía esperar socorro de nadie. Era la *Belle Epoque.* El señor del país no era ya el conde de Reinach-Foussemagne, cuyas propiedades habían sido parceladas y vendidas hacía tiempo, sino el dueño del tejar que habitaba, cerca de su fábrica, un gran pabellón de ladrillo, bastante feo, y que nosotros, los niños del pueblo, encontrábamos tan imponente y rico como Versalles. Lo imaginábamos lleno de juguetes gigantes, de risas y de luces; allí era imposible ser desgraciados. Pero, por descarados que fuésemos de costumbre, no osábamos aproximarnos demasiado y pasábamos con rapidez a lo largo de sus rejas puntiagudas. Acaso fuese la casa de la dicha; acaso fuese la casa del ogro, fatal para los Pulgarcitos de izquierdas, y yo temía oír, al pasar, la tradicional invitación de las personas mayores que quieren hacerse amables: «¡Entra, nadie te va a comer!».

No conocí a mi abuelo. Después de su muerte, mi abuela reinaba en nuestra modesta casa de adobe con la tajante autoridad de una mujer de cabeza que solo la había perdido una vez, cuando se prendó, joven señorita de una familia judía acomodada, de los azules ojos del simple obrero a domicilio que era entonces mi abuelo. Esta unión de una joven heredera, por pequeña que fuese su herencia, y de un proletario de origen católico, por lejos que estuviese su catolicismo, había pasmado a judíos y cristianos del país, entre los que la buena inteligencia no llegaba hasta el matrimonio.

Nada recordaba esa historia de amor en el rostro severo de aquella que nos gobernaba sin desmayo, siempre vestida de negro, y que solo expresaba su ternura mediante el púdico rodeo de la ironía. Esta disposición, por lo demás familiar y tal vez incluso regional, a la chanza, ya dulce, ya desencantada o castigadora, nos hacía vivir en un estado de hibernación sentimental en el que nuestros arranques, presos en los hielos, no llegaban a encontrarse.

Formábamos una familia muy unida, pero por la mañana apenas nos atrevíamos a decirnos buenos días: el primero que se levantaba, por temor de humillar al rezagado, fingía que no notaba su llegada, si bien las más de las veces nos besábamos, sin decir una palabra, como por casualidad o como uno se roza con la esquina de una puerta. Yo observaba a mi tío, inclinado sobre su mesa en el taller que olía bien a cuero nuevo, o a mi tía, que trabajaba su masa en la cocina, y a falta de poder decirnos que nos queríamos bien, que ni decir tenía, no hablábamos. A fuerza de no decir, teníamos cada vez menos que decir; estábamos en el secreto sin secretos.

En invierno, después de la cena, venían algunos vecinos para hablar un poco de política o para jugar a un nuevo juego de cartas cuyo advenimiento habrá sido, con el suministro de electricidad a los campos, una de las grandes novedades de la otra postguerra: me refiero al belote, juego democrático en el que el paje triunfa sobre la real pareja relegada al último rango de las cartas honorables. En el belote hasta el as y la malilla vienen detrás del paje, cuya promoción fue un primer golpe, indirecto pero significativo, al orden social establecido. Se jugaba con cartas desportilladas que terminaban por oler a cartón mojado. El carnicero, hombre guapo de bigotes retorcidos en punta, enseñaba sus cartas maestras haciendo temblar la mesa con un puñetazo de caballero de las cruzadas. El tratante de ganado calzaba un vientre importante en el espaldar de su silla, ocupada a horcajadas, y evacuaba el jugo de su permanente tabaco de mascar en una cajita con serrín que, por prudencia, se ponía cerca de él. Su chaleco y el abrazo de su cadena de reloj placada en oro hacían pensar que era rico, pero en el pueblo se era rico desde que se llevaba una corbata los días de entre semana sin ser funcionario. Entre cada mano analizaba, corregía, censuraba, aconsejaba, siendo uno de esos jugadores que vigilan el juego de su pareja más estrechamente que el suyo propio. Durante esas explicaciones, dadas con gravedad en medio de la general indiferencia, mí tío liaba un cigarrillo de tabaco gris, deslizaba el margen de papel bajo su bigote de artesanía, colocaba el producto acabado detrás de su oreja derecha, como el lápiz de un contable, y cortaba por lo sano volviendo a dar las cartas. Bajo su pantalla de porcelana festoneada, la llamada lámpara de cuarenta bujías iluminaba sin misterio a los jugadores, al banco de artesano, a las piezas de cuero, al enredo de riendas, al óvalo vacío de los collares, a todos esos seres y objetos familiares a los que la electricidad había arrebatado ese no sé qué de suplementario y de humorístico que les añadía antiguamente la lámpara de petróleo y que era su sombra.

Los niños (yo tenía dos primos de mi edad) asistían a la partida con desigual interés. El más pequeño, bonito como una niña, volvía pronto a la cocina. El mayor permanecía más tiempo, luego subíamos para acostarnos en nuestra habitación espartana, donde pequeños témpanos nadaban a veces en el jarro del agua. Yo me deslizaba vivamente entre las sábanas tiesas de frío, bajo la presión aérea del edredón inflado como un enorme buñuelo de plumas, que me ocultaba casi toda la habitación y la mitad del techo. Cuando estaba solo no me sentía verdaderamente tranquilizado más que en la oscuridad completa: no veía, es cierto, pero tampoco se me podía ver. Entonces, con todas las luces apagadas, la singularidad de este universo me atraía de vez en cuando del otro lado de la ventana negra. No era en absoluto el comienzo de una pesadilla, sino el origen de una escapada. Utilizaba el retorno nocturno de lo infinito para escapar al contorno abolido de las cosas y erraba, por no sé dónde, entre la tierra y la luna, con todos los sentidos alerta, en busca de sorprender no sé qué secreto, no sé qué diálogo entre la brizna de hierba y la nebulosa. Estaba seguro de que todos esos mundos misteriosamente arreglados, cuya connivencia suponía, acabarían por decir una palabra de más que me daría la clave del enigma. Marchaba en silencio al encuentro de una verdad inminente y, en el momento en que iba a adivinar, el sueño borraba bruscamente la pizarra donde la noche inscribía sus signos.

El invierno tenía más atractivos que el verano. Las labores del campo estaban suspendidas, la noche y el frío nos conducían temprano al rincón del fuego y daban a la casa, envuelta en nieve, un aire de vida interior hecho de leña húmeda, de buena sopa, de meditación difusa en torno a la estufa de hierro sobre la que extendíamos nuestras manos entumecidas. También era el tiempo de las fiestas más próximas entre sí y más extrañas del año, la vuelta de san Nicolás —a quien se llamaba santa Klaus arriba del pueblo, del lado de la antigua frontera alemana—, sustituto anual de la justicia paterna, encargado de recompensar a los buenos y de castigar a los malos (aunque no había malos), conocido por los almanaques y por las tarjetas postales que dejaban en la punta de los dedos algunas laminillas de su hopalanda escarchada.

La víspera de Navidad, mucho tiempo antes de la caída de la noche, los «negros» endomingados acudían con linternas a sus gazmoñerías

—como decíamos, por lo demás sin malquerencia—, hablaban más fuerte que de costumbre y parecían alegres. Nosotros no les comprendíamos mejor de lo que comprendíamos las prácticas religiosas de los judíos, a pesar de nuestro parentesco. Nos parecía que unos y otros perdían demasiado tiempo en cantar sin motivo.

Al día siguiente las distintas campanas de los pueblos cercanos, que no encontraban eco entre nosotros, extendían como un manto de ceremonia sobre la campiña muerta. Nosotros también nos poníamos nuestros trajes domingueros para ir a ninguna parte. Mi tío nos regalaba algún producto de su industria, bonitos látigos de correas blancas, cinturones, mochilas de tela verde reforzada en cuero, que se llevaban a la espalda y que nos hacían parecer, cuando corríamos por el camino de la escuela, soldaditos que perseguían al saber en fuga.

Mi tía, robusta alsaciana dulcemente burlona, enhornaba pastel tras pastel en su hornillo puesto al rojo blanco. Desayunábamos en la pieza menos exigua, cerrada la mayor parte del tiempo, sobre el blanco mantel de los días señalados.

Pero ni el moscatel de Alsacia, ni la cerveza, ni la frambuesa, volvían a la familia más habladora. La comida, más rica que de costumbre, y el abeto, completamente barbudo de guirnaldas plateadas, nada conmemoraban. Era una Navidad sin recuerdos religiosos, una Navidad amnésica que conmemoraba la fiesta de nadie.

Dios no existía. Su imagen, en fin, las imágenes que evocan su existencia o aquellas de lo que podría llamarse su descendencia histórica, los santos, los profetas, los héroes de la Biblia, no figuraban en parte alguna de nuestra casa. Nadie nos hablaba de Él. Los judíos, en su totalidad, nada nos decían de su fe. Los judíos no hacen propaganda; su religión es un asunto de familia que no interesa a los extraños, aunque sean judíos a medias. Por otra parte, nuestra indiferencia religiosa nos hacía tolerantes y constituía para ellos una especie de garantía: mientras que nosotros éramos de izquierdas por ateísmo, ellos votaban por las izquierdas para poder ser tranquilamente piadosos cuando lo eran. Compartían nuestras convicciones para conservar mejor las suyas, viviendo la vida misteriosa de su comunidad dispersa durante dos mil años y, sin embargo, homogénea; distribuida por las naciones como una levadura que una maciza masa alemana iba a tratar de ahogar para siempre; inmutables y, no obstante, particularmente aptos para el cambio; fieles hasta en la incredulidad (pues algunos se declaraban incrédulos y se mostraban a menudo más firmes que los otros en cuanto a los usos y promesas de la Escritura); capaces de soportar cualquier fracaso y, lo que es más difícil todavía, cualquier éxito; capaces, en fin, de comprenderlo todo, excepto lo que es un judío; pero eso, ¿quién podría decirlo? En cuanto a los cristianos del pueblo, que hubiesen podido instruirnos, también se callaban, sin duda por discreción, tal vez para evitar nuestros sarcasmos. Los efectos de su piedad no eran visibles a simple vista y, aparte del suplemento de pastelería de sus fiestas repicadas (en las lejanías brumosas), no teníamos la menor idea de lo que les pudiera aportar. Su moral corriente era poco más o menos la misma que la nuestra, con una o dos virtudes originales, como la obediencia y la humildad, que se nos antojaban defectos muy graves, y la diferencia de que parecían actuar con miras a una recompensa o con el temor de un castigo futuros, mentalidad mercenaria que nos inspiraba poca consideración. No sabían, como lo sabíamos nosotros después de Jean-Jacques Rousseau, que el pecado original había sido abolido por decreto filosófico y que el hombre era bueno por naturaleza.

Tenían más bien aspecto de creerlo naturalmente malo. Los cristianos de esa época no habían descubierto aún la naturaleza, las promesas de la ciencia, el poder bienhechor de la libertad. Se movían con precaución entre las prohibiciones, sin atreverse a enterarse de las cosas y aburriendo a lo creado. Nos daban la impresión de tener miedo de vivir, temor de abusar.

Quedaba la naturaleza que, bajo su seudónimo de creación, hubiera podido sugerirnos la idea de un creador. Pero con su ley de universal devoramiento mutuo, que empuja al pez pequeño a las fauces del grande y al antílope a las patas del león, la naturaleza no parece practicar el Evangelio; por lo demás, la especie de desconfianza en que la tenían los católicos nos la volvía fraternal. La naturaleza no creía y era nuestra aliada contra los creyentes. Si estos últimos tenían su «dado revelado» —lo que sabría más tarde—, ella tenía, con sus inmensos campos de experiencias y de conquistas científicas, su «dado revelable». Incluso por ella: al haber de sufrir los mismos azares y las mismas desigualdades, la salvaríamos con nosotros por la ciencia y por el progreso, que sabrían un día atemperar sus excesos y humanizar sus leyes. Aun si hubiera habido un Dios en nuestro conocimiento, ella nos habría alejado de Él acercándonos a sí.

Pero no había Dios, ya lo he dicho. El cielo estaba vacío; la tierra era una combinación de elementos químicos reunidos en formas caprichosas por el juego de las atracciones y de las repulsiones naturales. Pronto nos entregaría sus últimos secretos, entre los que no había en absoluto Dios.

Éramos ateos perfectos, de esos que ni se preguntan por su ateísmo. Los últimos militantes anticlericales que todavía predicaban contra la religión en las reuniones públicas nos parecían patéticos y un poco ridículos, exactamente igual que lo serían unos historiadores esforzándose por refutar la fábula de *Caperucita Roja*. Su celo no hacía más que prolongar en vano un debate cerrado mucho tiempo atrás por la razón. Pues el ateísmo perfecto no era ya el que negaba la existencia de Dios, sino aquel que ni siquiera se planteaba el problema.

Con la fiesta anual, que volvía a traer a la hierba fangosa del prado comunal sus pistas, sus guirnaldas de papel, su orquesta para el baile público y sus tres barracas de engañabobos, la gran distracción del pueblo era la política. Las campañas electorales deshelaban el territorio y ponían un poco de animación en los hogares de izquierdas (en los hogares de derechas la política pasaba por una especie de vicio, sin duda autorizado excepcionalmente por la jerarquía, pero del que, sin embargo, hubiera sido inconveniente hablar delante de los niños). Los hombres desaparecían el domingo y regresaban muy tarde de los pueblos vecinos, extenuados y fantasiosos, habladores por una vez y generosos en detalles sobre las capitulaciones impuestas a la parte contraria.

Los candidatos de las derechas sufrían su examen en la alcaldía, en la sala de fiestas, donde nunca había fiestas aparte de las que nos daban sin querer. Todas las izquierdas hacían un deber de no dejarles hablar. Mi tío y su vecino el herrero ponían una cierta coquetería en acudir a las reuniones con su mandil de gruesa tela o de cuero, para hacer comprender al intruso que la dura situación de los trabajadores no les permitía cambiar de vestimenta, que se había acudido entre dos golpes de martillo, quitando tiempo a la comida, no para escuchar un discurso, sino para oponerse al asalto de la reacción, lo que a veces se hacía sin dulzura. El más sorprendente de los candidatos que he visto expuesto a la contradicción en ese local inhóspito se llamaba Tardieu[2], personaje importante de la Tercera República y orador de talento cuando se le permitía hablar. Adosado a un pilar de hierro, cercado por una izquierda vociferante que había relegado a sus partidarios a un rincón de la sala y que le colmaba de maldiciones laicas, se había mantenido firme bajo la tormenta, mudo por necesidad, sonriente por baladronada, jugando distraídamente con una interminable boquilla que le daba aspecto de un san Sebastián socarrón en trance de fumar sus flechas. Se había vuelto a marchar, al cabo de media hora de abucheos, indemne y satisfecho: si no había podido colocar una palabra, por lo menos había impuesto su presencia, y

---

[2] Debe de referirse a André Tardieu (1876-1945). *(N. del T.)*.

un candidato de las derechas, en Foussemagne, no podía esperar más.

Los candidatos de las izquierdas raramente iban a la alcaldía. Preferían el café, su tumulto y sus cortinas de humo, evocación simbólica de las labores industriales y del impalpable porvenir del pensamiento. Las derechas no trataban de impedirles hablar; estaban ya a la defensiva. El porvenir no les pertenecía; ellas representaban la tradición, el culto de los antepasados, el pasado, todos los terrenos que las izquierdas les habían abandonado sin combate antes de prohibirles con grandes gritos salir de ellos.

Realizadas las elecciones y batidas las izquierdas, lo más a menudo, los días continuaban su desfile bajo la dirección de las virtudes locales, de las que la fidelidad era la más notable. Las gentes del Este son fieles como se es rubio o moreno. Antes que nada a su región, a la que encuentran toda clase de encantos, invisibles para el viajero que se apresura a huir de las corrientes de aire de esta célebre encrucijada de invasiones. ¿Quién dijo que el amor es ciego? Es el único que ve bien: descubre bellezas donde nada ven otros. La mirada que ama es siempre una mirada sorprendida. Así el de Belfort con su monótono país. Algunos arbustos inclinados sobre un río enturbiado por la tempestad, y él gusta todas las alegrías de la naturaleza, muy cerca de abandonar la vigilancia que ejerce de ordinario sobre sus sentimientos. Pero no la abandona. Es hijo del león monumental tallado por Bartholdi[3] en la abrupta piedra rosa de sus fortificaciones y de los tres asaltos alemanes que ha rechazado desde lo alto de sus murallas, ha conservado una mentalidad de perpetuo sitiado. Su pueblo es inexpugnable, él también. Debe de tener, en términos psicológicos, un complejo de Vauban[4].

Más fiel a su tierra cuanto más expuesta está, es fiel a los suyos, a sus amigos, a su oficio, a su casa. Legaliza sus hábitos y todo lo que compone su vida toma rango de institución. Cambiar de lugar es grave asunto; cambiar de parecer, una derrota militar. En el medio revolucionario en que me he educado se pensaba muy seriamente en cambiar el mundo; pero no se hubiera cambiado de lugar a un péndulo. Después de la guerra, cuando se emprendió la reconstrucción de la casa, devastada por un pequeño obús que había dado cuenta fácilmente de sus viejas vigas y de su panza de argamasa, mi tío exigió que se reconstruyese tal como era,

---

[3] Frédéric Auguste Bartholdi, escultor francés (1834-1904), autor también de la estatua de la Libertad, en Nueva York. *(N. del T.)*.

[4] Alusión al marqués de Vauban, ingeniero militar francés (1633-1707) creador de un sistema de fortificaciones. Durante su carrera reparó nada menos que 300 y construyó, de nueva planta, otras 33. *(N. del T.)*.

con sus incomodidades pronto seculares. Se le hubiese causado mucha pena corrigiendo los defectos de su casa. Hubiera tenido la impresión de haberse mudado, decisión altamente improbable, emparentada con el abandono de una guardia. Intelectual, moral y, en lo posible, físicamente, el hombre de la frontera no cambia de guarnición. Su aparente rigidez no es sino un apego solidificado a todo lo que le ha otorgado el destino y se comprende que se entregue poco cuando sabe que nunca se recupera. Y, como la mayoría de mis compatriotas, yo hubiera conservado probablemente las ideas de mi juventud hasta mi última hora, de no haber sido un día, ya se verá, brutalmente refutado por la evidencia.

Mientras que los padres combatían a la reacción, los hijos terminaban la guerra de Troya.

Descubierta a los nueve años entre los raros libros de la casa que no hablaban de política, la *Ilíada* fue la mansión encantada de mi infancia. La habité durante muchos años. Era un libro mágico, hecho de marfil y de mosaico azul, cuyas palabras, siempre las mismas, obtenían extrañas propiedades luminosas de su repetición en el espacio poético; se las hubiera creído pintadas con una sustancia desconocida. He buscado mucho tiempo el secreto de estas composiciones cuya frescura no consiguen atacar los siglos, hasta que me he dado cuenta —probablemente después de todo el mundo— de que el tiempo no las alcanzaba porque nunca había entrado en ellas. Está ausente de la *Ilíada,* o más bien está reducido a la esclavitud por el pensamiento. Entre el instante en que el venablo deja la mano del héroe y aquel en que hiere al adversario, hay lugar para un discurso, una réplica, una conferencia de divinidades secundarias y un arbitraje olímpico. La poesía tiene absoluto poder sobre el movimiento de los astros, y solo se pone el sol cuando nada hay que ver sobre la tierra. Las intrusiones de los personajes del Olimpo no irritaban en modo alguno a mi juvenil incredulidad. Al contrario, se producían con tanta naturalidad que nada tenían de sobrenatural. Por lo demás, la obstinación de esos dioses por conquistar a simples mortales tenía algo de lastimoso; querían hacerse hombres, y lo más a menudo solo conseguían hacerse toros o medios caballos.

No me gustaban los dioses favorables a los troyanos, que eran dioses burgueses, como Ares, patrono de los militares, o Afrodita, mujer de mundo sin buenas obras y, por consiguiente, doblemente sospechosa. Además, su belleza ocasionaba toda clase de males en torno a sí. Ares causaba la rabia, Febo extendía la peste y Afrodita algo que yo no sabía bien. El único trabajador del Olimpo, Hefistos, estaba del lado de los griegos. No hacía falta más para que un hijo de la *Internacional* lo estuviese también; por otra parte, yo estaba enamorado de Atenea, a quien no se le conocían relaciones. Acechaba sus intervenciones de página en página, decepcionado cuando tardaban demasiado; pero, a fuerza de leer y releer, llegué a saberme mi texto lo bastante a fondo como para poder citarme con ella.

Mi pasión por los héroes de Homero se había comunicado a mis dos primos y a un amigo de la infancia, ser leal y bueno, a quien tuve la suerte de no perder en la gran matanza de judíos en la que él perdió a su padre y a su joven hermana. Hacíamos resonar la campiña con el ruido de nuestras espadas de madera que golpeaban sobre escudos de cartón. Ignoro por qué nuestras familias, que nos habían negado las panoplias militares y los soldaditos de plomo, no nos prohibían rotundamente esos juegos guerreros. Es cierto que todos éramos griegos y que los griegos son de izquierdas en la mitología socialista. Tal vez hubiera sido diferente de haber sido troyanos.

¿Necesito decir que no estaba bautizado? Según el uso de los medios avanzados, mis padres habían decidido, de común acuerdo, que yo escogería mi religión a los veinte años, si contra toda espera razonable consideraba bueno tener una. Era una decisión sin cálculo que presentaba todas las apariencias de la imparcialidad. A los veinte años, el muchacho, que se acerca a su mayoría de edad, comienza a tomar posesión de sí mismo y a instalarse en sus ideas. El espíritu de las leyes democráticas pretende que se le reconozca entonces el derecho a poner en regla su propia filosofía. ¿Quiere creer? Que crea. De hecho, es una edad impaciente y tumultuosa en la que los que han sido educados en la fe acaban corrientemente por perderla antes de volverla a encontrar, treinta o cuarenta años más tarde, como una amiga de la infancia casi olvidada con la que se intenta rehacer la vida. Los que no la han recibido en la cuna tienen pocas oportunidades de encontrarla al entrar en el cuartel, pero en fin, esa era la costumbre y hay que reconocer que mis padres, incluso si hubiesen estado mejor dispuestos hacia la religión, se habrían visto en apuros para darme una creencia que no ofendiese a nadie. ¿Me habrían conducido a la iglesia, a la sinagoga o al templo?

¿A la iglesia, en recuerdo de un abuelo radical que ya no conocía el camino de ella, si es que lo había conocido alguna vez? ¿A la sinagoga, para agradar a mi abuela Schwob? ¿O al templo por deferencia a los parientes de mi madre? Porque si del lado de mi padre se era judío o vagamente católico, del lado materno se era protestante.

Tampoco había iglesia donde mi madre. El único campanario del pueblo era el de la escuela, negro y puntiagudo a la manera del Franco Condado, llevado hacia un cielo algodonoso por una loma cuyas piedras blancas aparecían aquí y allá entre el verdor, como el papel granulado de una acuarela. Las aguas de un arroyo truchero, de un canal bordeado de álamos y de un ancho río que removía la imagen de una vieja torre en ruinas, desdoblaban el paisaje y justificaban la suavidad de su estado civil: Colombier-Châtelot, partido judicial de Baume-les-Dames, valle del Doubs, que en otro tiempo se escribía Doux[5].

---

[5] El autor juega con la significación o las sugerencias de los nombres franceses. La frase, literalmente traducida, sería así: «Palomar-Castillete, partido judicial de Bálsamo-de-las-Damas, valle del Doubs, que en otro tiempo se escribía Dulce». *(N. del T.)*.

Allí nací. Hubiera tenido que venir al mundo en Belfort, donde estaban instalados mis padres, pero las mujeres, que hoy quieren dar a luz en la ciudad, iban entonces a hacerlo al campo para realizar esta operación natural lo más cerca posible de la Naturaleza. Así que nací al borde del arroyo truchero, en una gran casa cuadrada rodeada de colmenas y de árboles frutales, a la entrada de ese pueblo más hecho que el otro para los niños, bien surtido de recreos por las menudas industrias locales, una maullante serrería que cortaba tarugos y hojaldraba troncos de hayas hasta el anochecer; un molino cuyas pequeñas esclusas retenían muchísimos peces minúsculos que maniobraban con precisión de granaderos británicos, pero cuyas admirables formaciones se estrellaban a la menor alerta; una fábrica de zuecos llena de bucles de madera blanca y de formas ligeras, levantadas en punta de góndola para los elegantes o en proa de galeota para el cabotaje rural; la enorme muela de un lagar de sidra bajo un tilo de veinticinco metros que había sido un Árbol de la libertad, aunque nada haya menos libre que un árbol ni menos exaltado que un tilo.

El pueblo estaba habitado por una gran mayoría de pietistas, una minoría de luteranos y algunos indiferentes a los que luteranos y pietistas se ponían de acuerdo para llamar paganos. El pietismo es una secta sin pastores ni sacramentos. Aquel adepto que se siente designado para oficiar, dice las oraciones y lee las Escrituras a la comunidad congregada el domingo por la mañana en un cobertizo o en una troje. A esos creyentes, prontos para la referencia escrituraria y habituados a desafiar la impopularidad que les vale un rigorismo excepcionalmente tajante, he creído a veces reencontrarlos, sin cambio notable, en los *westerns* del cine americano bajo los rasgos de esos pioneros puritanos, macizos de citas, a quienes se ve siempre dispuestos para oponer al héroe, urgido de actuar, versículos de retardación que podrían ser siempre la frase del fin y que no son jamás la de la situación. Nuestros lugareños citadores prodigaban de buen grado sus alusiones bíblicas a destiempo, en un tono tan tranquilamente inadecuado que, también ellos, parecía que hubieran sido doblados. Sus preferencias se dirigían al Antiguo Testamento, que es el testamento de los fuertes, y sus mujeres se llamaban a menudo Ruth o Ester. Remontándose a las fuentes, su religión había cruzado el Evangelio y singlaba hacia el origen de los tiempos, a través de un mundo pecador, que su afición por la transposición histórica poblaba de madianitas y de filisteos. Los luteranos no les querían por causa de su superioridad numérica y por la sensación desagradable que les producía no ser ellos más que reformados a medias.

Si no se era rico en Foussemagne, en Colombier-Châtelot se era pobre. Mis abuelos, a quienes la falta de dinero había desalojado de la casa cuadrada al borde del agua, habitaban dos piezas en el piso de una casa medianera asida a una alineación de adobes y cuya planta baja, de húmedas baldosas, guarecía a una vieja tía, envuelta en guiñapos que no dejaban pasar más que la punta de la nariz y la punta de los dedos. Se mantenía de agua, de algunas legumbres de su jardín y de las migajas que caían del primero. Una escalera con claraboya, empinada como una escala de portalón, conducía a la pieza principal de nuestra vivienda, equipada con un hornillo para madera, un fregadero de barro sin agua caliente ni fría, una mesa cubierta por un hule herpético y una alacena encristalada que nunca sentí la tentación de abrir de contrabando; su amplia cala no contenía más que un pobre cargamento de especias.

Dormíamos en la otra pieza. Mi abuelo, en una cama-barco de alto bordo, de donde bajaba dando tumbos por la mañana para ejecutar la gimnasia reglamentaria de su antiguo estado de gendarme, flexiones, rotaciones de tronco, lucha a puntapiés, que debían conservarle hasta el fin su erguida prestancia de joven. Mi abuela se acostaba bajo la escalera del granero, y yo a sus pies, en un buen colchón de lana. Yo era, por supuesto, el último que se levantaba, pero me parecía que era demasiado pronto cuando oía, ya, el tableteo de las segadoras sacudiendo su chatarra en un patio cercano —aún no teníamos esas costosas mecánicas— el chasquido de las riendas que se enrollan a los picos del collar, el esfuerzo inútil y breve del caballo que se arranca de la lanza. Corría a la cocina para beber un tazón de leche, después al arroyo para pasarme un poco de agua por el ojo izquierdo y por el ojo derecho, volvía a sentarme en el ancho poyete de la ventana y contemplaba el día, el día que pasaba de azul sin tocar a nada, como una dama lenta.

Hacia las diez, mi abuela ponía algunas provisiones en un capacho y nos íbamos a reunir con mi abuelo a los campos donde, al no tener máquina, había que trabajar más y hasta más tarde que los otros. Después de haber caminado mucho tiempo por caminitos polvorientos, le adivinábamos por el deslizarse sonoro de la piedra de afilar sobre la hoja de la hoz y le encontrábamos metido en la trinchera rubia de un campo de trigo o en un desparramamiento verde de altas hierbas. Íbamos a poner nuestro almuerzo al fresco, al pie de un árbol o en el agua invisible de una fuente que sorprendía a la mano, y volvíamos a tomar nuestra parte en el trabajo. No era yo competente para el trigo, que pide ser manipulado con vigor, pues es pesado, y precaución, para que no se pierda el grano; pero tenía calidad para las maniobras auxiliares de la siega, sus gestos repetidos indefinidamente en el zumbador calor, entre los interminables haces de hierba seca que era preciso volver al sol, amontonar en gavillas, luego en pilas redondeadas, cargar en un carrillo tirado de aquí para allá por un pobre caballo claveteado de moscas grises, cuya caza con una rama de avellano entraba en mis atribuciones.

Mi abuelo me había fabricado utensilios proporcionados a mi estatura, un rastrillo provisto de una sola hilera de dientes (para reducir a la mitad los riesgos si llegaba a caerme encima) y un pequeño bieldo de madera, con las puntas cuidadosamente embotadas, con el que se me permitía hacer un poco de ejercicio entreteniéndome con la idea de hacerme útil. A decir verdad, detestaba el trabajo de los campos por pequeña que fuese mi participación. Los prados eran demasiado extensos, el vehículo demasiado alto, el cielo demasiado duro y el caballo demasiado grande. El mejor momento de la jornada era aquel en que desembalábamos a la sombra nuestro almuerzo, con el pedazo de queso de la región[6] envuelto en un paño húmedo con orilla roja, con el pan reblandecido por el lado que había tocado a la botella de limonada teñida en vino; incluso ese instante de frescura estaba echado a perder por la perspectiva de la vuelta a casa y por la hora de transpiración que habría que sufrir en la polvareda y el revoloteante fardo que amontonar en enormes brazadas de heno bajo las vigas del granero. De la naturaleza, casi no amaba más que el agua, su transparencia y su libertad; el agua sin memoria y que mi viejo Homero decía sin cosecha.

---

[6] *Le bloc de Comté,* dice el autor; literalmente: el pedazo de condado. *(N. del T.).*

Mi abuelo se declaraba socialista, profesión de fe que no había debido favorecer su ascenso en la gendarmería. No se le veía por el templo, distante varios kilómetros, más que en los días de entierro. Nunca hablaba de religión, ni incluso para chancearse de los curas, especie desconocida, por lo demás, en el cantón. El pastor venía al pueblo de vez en cuando, pero no me acuerdo de que jamás le hubiera impulsado la curiosidad a entrar en nuestra casa y, como no se me llevaba a los entierros, nada sabía del oficio de ese hombre de negro mirado con respeto por los luteranos y con desconfianza por los pietistas.

Si mi abuelo no tenía religión, no carecía de moral y distribuía con gusto las sobras entre los necesitados. Nacido desfacedor de entuertos, mantenía el derecho y la justicia en las disputas del pueblo y, puesto que sus intervenciones no solo le procuraban amigos, se comunicaba con los recalcitrantes por medio de pancartas en las que inscribía en gruesos caracteres sentencias de esta clase: «Reza menos y no robes», que fijaban, al borde del camino, en la esquina de su cercado, riéndose para sus adentros. El pueblo no era inflexible con sus inflexibilidades: él «conocía a las plantas», se apañaba bien para cuidar las malas heridas y se había recurrido a menudo a sus servicios mientras se esperaba al médico de la capital, barbudito servicial pero inhallable. En nuestra habitación, una vieja estantería de farmacia estaba llena de hierbas secas y de polvos, en cajas y saquitos minuciosamente etiquetados. Allí me estaba prohibido tocar, pero yo ni lo soñaba. Tenía, para ocuparme, los juguetes de madera que una ingeniosa pobreza había fabricado para mí, ante mí, en el taller de tablas donde se amontonaba el material agrícola para reparar. No todos los niños conocían esa dicha de ver el presente que les está destinado tomar forma poco a poco ante sus ojos, viruta a viruta, dado a luz delicadamente por la mano rugosa que acaba de dejar la pala o el pico para hacerse sutilmente mágica. Desde entonces, no sé por qué, en los libros de cuentos, el encantador se representa a menudo con los rasgos de un viejo.

Ni que decir tiene que también tenía silbatos de saúco, arcos de avellano, flechas de caña seca, una especie de jeringuilla para rociar a los perros errantes que venían a brincar a nuestro cuadro de verduras; al cabo del año, dos o tres monedas de níquel para comprar barritas de regaliz. Mi abuela Schwob, ¿lo he dicho ya?, otorgaba cada año a sus nietecitos medio napoleón. Mi abuelo no podía seguir ese tren, pero colocaba sus moneditas en viejas cajas de pastillas para la tos, que hacían el regalo inestimable. Siempre escogía cajas con correderas, con las que no podía cortarme. Hoy me pregunto si compraba las pastillas por la tos o por la caja.

El domingo era el día del Señor para los luteranos, que a veces iban al templo, y para los pietistas, que se reunían en pequeños grupos bajo la mirada falta de comprensión de los filisteos.

Para nosotros era el día del aseo general, en el agua corriente del arroyo truchero, después del cual mi abuelo me friccionaba la cabeza con un cocimiento de manzanilla, al que se añadía ron, y rizaba mis tirabuzones rubios, que conservé mucho tiempo. El hermano menor de mi madre, que vivía con nosotros, me llevaba con él de pesca, que practicaba sin cuidado alguno de los reglamentos. Este joven aventurero y propenso a la fuga poseía todos los dones que yo envidiaba más: la fuerza, la audacia, la destreza para todos los juegos violentos, la especie de belleza morena e hirsuta que presta la imaginación al Heathcliff de *Cumbres borrascosas.* Mi madre tenía otro hermano, rubio, delicado y músico, cuya dulzura sosegaba la cercanía de los terrores que le inspiraba la indocilidad bulliciosa del otro. Murió muy joven «del pecho», como se decía entonces. No sé si le conocí o si el recuerdo que conservo de una especie de ángel violinista caído por la noche en un corral de alquería y que volvió a marcharse mucho antes del alba, procede efectivamente de mi memoria o de los relatos que se me han hecho de su encanto y su desdicha. También él era guapo, como lo era todo el mundo en esa rama familiar, con excepción de mi pobre persona, que consideraba sin placer en el espejo oscuro de las ventanas o en la hoja de los cuchillos de cocina, que apenas me devolvían más que la imagen de mi nariz.

Mi abuela, pequeña y fina bajo un torbellino de hermosos cabellos blancos, era un pájaro detenido por un gendarme benevolente, pero brusco. Canturreaba todo el día, en su cocina, en el granero, al borde del arroyo mientras lavaba su lencería, en los campos con el rastrillo en la mano, y en el bosque cogiendo moras, canciones sacadas del repertorio de la *Belle Epoque* en las que se trataba de valses morenos y de príncipes azules que danzaban con sus parejas. La vida junto a ella era una opereta melancólica, interpretada sin esperanza de público en el vetusto decorado de la pobreza, por una frágil Cenicienta, sobrecargada de trabajos y que jamás vería, jamás, que se volvía traje de corte su vestido gris y se transformaba en carroza su calabaza.

Al anochecer me tomaba en sus rodillas y me murmuraba una nana compuesta por ella que decía incansablemente: «Allá a lo lejos, allá a lo lejos, allá a lo lejos, lejos, lejos; allá a lo lejos, lejos, lejos, lejos». Esa era toda la letra de la canción, que no duraba menos de un buen cuarto de hora. Ese *allá a lo lejos* repetido en todos los tonos, me hacía soñar, sonreír y dormir. Probablemente le debo el haber soportado, mejor que otros, determinadas enumeraciones de la liturgia que algunos tienen tendencia a encontrar demasiado largas y que más bien me parecerían demasiado cortas.

Una vez por semana, cuando venía el buen tiempo, iba a vender sus hortalizas al mercado. La veía partir de madrugada por el camino barrancoso de la capital, apenas más alta que las empalizadas de los jardines, empujando una carreta de judías, de guisantes y de zanahorias, evitando una charca o tropezando de cuando en cuando en una piedra. Regresaba por la tarde con algunos cuartos, dejaba sus botas fangosas y reemprendía, con sus zuecos, el curso de su humilde ministerio interrumpido por ese episodio verdulero: las bestias que cuidar, los hombres que alimentar, la limpieza que hacer, el niñito que acunar, para concluir la jornada cerrando las puertas de la cuadra, de la troje, de la casa, de la habitación, en la que se acostaba la última después de haber apagado la lámpara.

Solo recibí de ella bizcochos y arrumacos, esos buenos besazos simples que saltan como tapones de champaña, y nunca la vi encolerizada ni aun de mal humor. Sus tristezas y sus contrariedades pasaban a su canción, que se las entregaba a los otros pájaros, que se las llevaban con ellos. Era la dulzura y la pena aceptada, la ternura desasistida, la resignación plenaria y todo lo que puede decir la música cuando nadie tiene más que decir.

No andaba, corría sin cesar, a pasitos cortos, del hornillo al fregadero, mientras iba a echar grano a las gallinas o empujaba su carriola por el camino, con arranques y brusquedades de juguete mecánico con toda la cuerda, infatigable, así al menos lo pensábamos al no verla sentada más que con el busto avanzado, con los pies forzados bajo la silla y dispuesta para la marcha. Murió no muy vieja, era de esperar, de la enfermedad que se llamaba antiguamente anemia perniciosa y que no por haber recibido después un nombre más sabio es menos inexorable.

La habían llevado al hospital protestante de Besançon, al que iba a verla con mi madre. La última vez me parece que la ciudad y sus hermosas fachadas, que representaban para nosotros todo lo que de opulencia puede contener el mundo, estaban vacías y mojadas. Las religiosas del hospital, que sabían el estado de la enferma, la habían instalado en una habitación bastante amplia que se abría al jardín por una alta ventana sin cortinas. No era sino blancura bajo sus cabellos blancos, todavía más menuda y como encogida en medio del lecho que no se atrevía a ocupar por completo, pero no más rebelada, ni menos graciosamente acogedora, apenas un poco más distante, asombrada de ser servida, y por señoras leídas, que abrían de vez en cuando la puerta y se retiraban sin que ella hubiera encontrado nada que pedirles. No se ocupaba de sí misma más que de costumbre y sus últimas palabras fueron de compasión por los sufrimientos de otro. Sus debilitados ojos, que ya no podían leer, se dirigían con frecuencia hacia un crucifijo colgado del muro, frente a su lecho. Un día, y fue el último día, lo miró largamente y dijo, más alejada que nunca de pensar en su propia suerte, «¡Ay, pobre hombre!», con el tono de dulce piedad, último pío del pájaro agotado que ha llegado brincando al extremo de la rama, que va a romperse.

Junto a esos dos ancianos —tal vez no tan viejos, después de todo— que tomaban a pechos el restituirme a mis padres, al terminar las vacaciones, fortificado, próspero e instruido en las cosas del campo, yo era un niño feliz en un pueblo que no lo era demasiado.

Colombier-Châtelot no era ciertamente lo que se llama una «sociedad de consumo». Era más bien una sociedad de no consumo, en la que se trataba de tomar lo menos posible de los bienes pasajeros de este mundo, de contentarse con poco, con menos, con nada. La renta de una tierra sumamente parcelada no bastaba para nadie y todos tenían un segundo oficio. Ese era aperador, aquel carpintero. Algunos, cada vez más raros, ensamblaban o reparaban relojes sobre el poyete de su ventana, durante las horas de pleno día, y nada era más conmovedor que ver a esos gruesos dedos de campesino, agrietados como cacharros de barro, persuadir pacientemente a las minúsculas ruedas para que ronroneasen juntas en su concha de metal. Muchas familias enviaban a sus chicos y a sus muchachas a trabajar en la fábrica de sillas del pueblo vecino, o en la gran industria de la ciudad, cuyos autobuses, cada mañana, reclutaban mano de obra en todo el departamento.

Pero los jornales, añadidos al resto, no les sacaban de pobres. Muchas casas tenían el suelo de tierra prensada y solo había piso en la troje, para evitar que abrieran surcos las pesadas carretas de forraje. Las gentes solo pedían a la existencia sus dones más corrientes y se consideraba superfluo una buena parte de lo necesario. La vida era una interminable sucesión de obligaciones cotidianas, estacionales y recurrentes, de las que nadie tenía el medio ni aun la idea de sustraerse. La tentación tomaba la forma tradicional del espejismo catastral, del campo de configuración variable, del mojón que sale de su agujero, por la noche, para ir a plantarse un poco más lejos. Si es que había otras, no me las dejaban adivinar.

Los pietistas se consideraban elegidos y de eso sacaban cierta vanidad, con un suplemento de paciencia. Nosotros nos hacíamos una idea diferente de la elección que, a nuestro parecer, debía de venir de abajo, no de lo alto, y nuestra moral incrédula, fundada en la razón, solo conducía a las austeras satisfacciones del deber cumplido, de la tranquilidad de conciencia; en la hipótesis más suntuosa, del *futuro mejor,* que ya había reemplazado al mundo del mismo nombre en la esperanza popular. Deducción hecha de las prohibiciones particulares de la religión, nuestro concepto del bien y del mal era poco más o menos el mismo que el de los pietistas o el de los luteranos. Existían simplemente «las cosas que hay quc hacer» y las «que no se hacen» por voluntad divina o sabiduría humana, según el caso. Pero todos, creyentes e incrédulos, llevaban bien la misma carga, lentamente, hacia el mismo destino, a lo largo de un camino amenizado de tarde en tarde por un banquete de bodas entre los árboles, un hermoso verano, un aria de acordeón. Me parece que no se planteaban muchas más preguntas. Puesto que la religión había dado a los unos sus respuestas, preguntar más se hubiera considerado indiscreto por su parte; los otros, los incrédulos, no tenían que esperar explicaciones de nadie.

Sí, he sido un niño feliz, y más bien, sobre todo, fácil de hacerle tal. Un lápiz y algunas hojas de papel aseguraban horas de tranquilidad a mi alrededor. Cuando había garabateado mi papel, dibujaba en el revés del hule, en el contrachapado de las sillas, en todo, en fin, lo que podía ser garrapateado sin daño aparente, monigotes, locomotoras, arabescos intrincados que causaban la admiración de los míos. Un dibujo pasaba un poco por un juego de magia: era la realidad cazada a lazo, reducida a la página blanca; se maravillaban de la presa como de un hermoso pez sacado de lo invisible y no dejaban que careciera de lápices. Mientras que la burguesía manifestaba aún, respecto a cualquier disposición artística, una desconfianza que los precios alcanzados por el cuadro del maestro, vendido al punto en el mercado de valores seguros, ha transformado después en respetuoso embobamiento, las gentes sencillas, por el contrario, tenían la mayor consideración por «el don del dibujo», que convertía a su poseedor en un ser aparte, a quien hay que cuidar. Cuando se carece de todo, se carece también de medios de expresión y el dibujo es el que mejor retiene y recompensa la atención. Por mi parte, me he preguntado a veces de dónde me venía ese don o, en todo caso, esa atracción desconocida en la familia. Creo que era el efecto natural de mi pereza que me llevaba a representarme el mundo a domicilio para no tener la molestia de ir a buscarlo a su casa. Sea lo que sea, la costumbre de permanecer horas delante de una hoja de papel de la que se negaban a salir la vida y el movimiento, me ha dado muy pronto el gusto de una cierta soledad favorecida por una notable aptitud para esquivar el acontecimiento. Feliz y fácil, hoy me doy cuenta de que he sido, también, un niño prodigiosamente ausente, hasta el punto de no poder escribir «estaba allí, me sucedió tal cosa». Cuando me basta un instante de ensoñación o de recogimiento para reencontrar, intactas, todas las sensaciones de ese tiempo lejano, el sabor de la grosella traslúcida en la entrada del jardín, el agua fresca del arroyo que estrechaba mis tobillos, el filo cortante de las hierbas movedizas en medio del canal, el recitado zumbador de mi abuela en su cocina, no recuerdo una sola anécdota, ni un incidente en el que haya estado mezclado; he retenido el sonido de las voces, pero no las palabras, ni nada de lo que ha podido sucederme, tal vez porque los míos se las han arreglado siempre para que nada me sucediera. O casi nada. No disponían de la guerra y de la paz. Y así, uno de mis raros recuerdos, que es también el más antiguo, es la bodega de Belfort donde fuimos heridos, mi madre y yo, por una bomba del peso, entonces respetable, de siete kilos. No había querido cambiar las faldas maternas por la gran caja de madera rellena de paja en la que los otros inquilinos, tan pronto surgió la alerta, habían colocado a sus pequeños. Ante mi resistencia se nos había instalado debajo del tragaluz, lugar considerado como seguro al deber sobrevolarnos, sin daño, el chorro de los eventuales proyectiles. Aquel día cayeron sobre la ciudad unas cuantas bombas, aovadas por varios aviones negros en forma de cruz a los que se llamaba monoplanos, una de ellas delante de nuestra casa, donde arrancó siete metros de acera. La trayectoria de la metralla, modificada por los sacos de arena amontonados delante del tragaluz, hizo fracasar el pronóstico: fuimos los únicos heridos de la bodega, e incluso de la ciudad; mi madre en el brazo derecho, yo en el pie izquierdo. Tenía dos años. Conservo de ese instante la imagen muda de una especie de cripta poblada de sombras, donde el débil resplandor de una linterna, al fondo, ilumina a algunos niños agazapados en un pesebre.

En el hospital, un médico examinó nuestras heridas, consideró la mía demasiado fea y habló de cortarme el pie para evitar las complicaciones. Era la guerra y la cirugía tenía mucho que hacer. Mi madre, que es la energía personalizada, amenazó en seguida con arrojarse conmigo por la ventana. Se le hizo observar que los tendones estaban cortados, que mis dedos no crecerían, que tendría un pie deforme, sin contar con la gangrena, que podía instalarse allí; nada le hizo impresión, mi madre se mantuvo en sus trece, y como en sus ojos azules había algo que no permitía dudar de su resolución, se resignaron a no amputarme. Sin embargo, nuestras heridas curaron y dejamos el hospital llevando nuestras metrallas en un gran encendedor de tornillo en forma de obús.

En el tren que nos conducía a casa de mis abuelos, un oficial que retiñía de condecoraciones y de accesorios militares, al ver nuestros vendajes, se informó de nuestros males, infamó la barbarie teutona, desenganchó una de sus medallas y se inclinó hacia mí para colgarla de mi abrigo o para ver mejor a mi madre, que era muy joven y muy rubia.

La carretera nacional, que pasaba a varios kilómetros, nos dejaba a un lado de las corrientes, de los cambios, de los convoyes militares y foráneos; también de los convoyes políticos. En Colombier-Châtelot no existían esas reuniones públicas y contradictorias que deshelaban periódicamente a Foussemagne. Un marqués reinaba en la comarca, después de su padre, de su abuelo y, sin duda, antes de su hijo y de su nietecito. Exceptuados los rojos, se votaba por él sin debate, por costumbre, por sus cualidades o por su calidad; tal vez el elector de baja extracción no estaba descontento de convertir al marqués en el deudor de sus antiguos villanos. Por lo demás, la política tenía mala reputación entre el elector de derechas; el hombre de bien no debía tocarla, algo así como el alcohol, salvo en los casos de urgencia y para combatir un mal mayor. Una mesa electoral era algo sospechoso; hacía falta, para dirigirse allí, el permiso de monseñor.

No hay que decir que, inversamente, entre las izquierdas, la política se consideraba como la más alta actividad del espíritu, el más hermoso de los oficios, después del de médico, sin embargo. A ella debían mis padres, por otra parte, el haberse encontrado. Mi madre, espíritu curioso, había escuchado a mi padre hablar de socialismo ante un auditorio obrero de los alrededores de Belfort, con la fogosidad de sus veinticinco años, una inteligencia combativa, una voz admirable. Desde aquel día, ella le siguió de reunión en reunión, por amor al socialismo, hasta la alcaldía. Cuando me contaba esa historia, yo no comprendía gran cosa. Para mí, mis padres eran mis padres desde siempre y no imaginaba que hubiesen podido no serlo en un momento dado de su existencia. La honestidad, la natural decencia de su vida en común, me habían dado del matrimonio la idea de una cosa que no podía deshacerse y que, al no tener fin, no había tenido comienzo.

Compartían, con otro inquilino, una pequeña vivienda de una calle de Belfort que desembocaba en la hierba gris de un terreno baldío. Mi madre vendía al pregón el periódico de la Federación Socialista, completamente redactado por mi padre, entonces maestro destituido por amaños revolucionarios y reducido a la miseria.

Pero la política llenaba su vida.

Decía a menudo que había ido a la política «como el pato al agua». A los diez años su elección estaba hecha: sería periodista y diputado.

Periodista lo fue sin esperar más. En los bancos de la escuela municipal redactaba por la tarde, para su delectación y la de sus pequeños compañeros, una hoja cortada en papel de embalar y titulada «Le Böer» en homenaje a los republicanos del Transvaal, héroes de una guerra colonial olvidada. A los trece años era corresponsal regular de un periódico del Este cuyo director, al tener la idea de reunir a sus colaboradores en un banquete, iniciativa plenamente democrática, tuvo la sorpresa de descubrir a un redactor político con pantalones cortos y que no había ido, como al principio se creyó, para excusar la ausencia de su padre. Admitido en la Escuela Normal de Magisterio con una dispensa y una media beca del Estado, debía salir de ella a una edad en la que otros aún intentan entrar. Como era demasiado joven y había cometido la equivocación de dar ya que hablar de él, no solo por sus pequeñas colaboraciones regionales, sino por los artículos que enviaba a «L'Humanité» de Jean Jaurès[7], y por la parte que tomaba en las reuniones públicas del departamento, a título de permanente contradictor, se le confió en los Vosgos una especie de escuela de montaña, vacía las dos terceras partes del año, el invierno por la nieve y el verano por las faenas del campo.

En ese lugar escarpado debía alcanzarle la destitución, después de la visita domiciliaria de un procurador y de un juez, conjuntamente encargados de instruir y de reprimir, y que navegaban en compañía contra el espíritu de las leyes. Tenían que probar que mi padre era el responsable de un ligero acceso de fiebre registrado en los cuarteles de la región, en los que el soldado se había mostrado descontento de que se le mantuviera en servicio después de transcurrido su tiempo; no pudieron, porque no era el caso, pero la encuesta solo era una formalidad. Su resultado negativo no podía evitar que fuera seguida, en tres semanas, de la más positiva destitución. Si a los maestros no

---

[7] Jean Jaurès (1859-1914), socialista, fue el fundador de «L'Humanité». Murió asesinado la víspera de estallar la Primera Guerra Mundial. *(N. del T.)*.

se les prohibía expresamente ser socialistas, se les desaconsejaba, por lo menos, que confesaran demasiado alto su socialismo, condenado como un desorden del espíritu por una sociedad burguesa inocentemente sentada sobre la prudencia del pobre, la paciencia del pobre, la longanimidad del pobre, y que no le gustaba sentir que esa cariátide se conmovía bajo sus riñones.

Pues bien, lo que es socialista, lo era mi padre desde los trece años. Un discurso de Jaurès, decía, le había «abierto la tierra prometida», entrevista del otro lado de los estucos y de los arabescos vacilantes de la *Belle Epoque,* dama de las camelias transida de escalofríos sospechosos y próxima a morir de una frontera abierta. Como esos pájaros que vienen a golpear la fachada de las catedrales y que se eclipsan por una alta ventana, la inteligencia atrevida del joven alumno de la Escuela Normal se había abismado con éxtasis en la vasta construcción sonora del mayor tribuno de la historia del socialismo francés. Arrancado de las preocupaciones resueltamente vulgares que componían entonces toda la política de la izquierda radical, y suspendido en los aires por esa elocuencia de una fuerza ascensional poco común, se iba a convertir totalmente, exclusivamente, en un militante para quien todas las cosas se resolverían en la política como se resolvían en el ser para las antiguas filosofías.

Desde entonces, apenas le vería su familia, y pronto el departamento sería estrecho para él y para sus talentos. A los veintinueve años era secretario general del partido socialista y establecía a su pequeña familia en un quinto piso sin ascensor del distrito XV, encima de un depósito de carbón paralelo a un jardín de convento. «Nadie nos tapa la vista», decía orgullosamente mi madre. Desde el balcón se divisaban los dos últimos pisos de la torre Eiffel, que había entrado momentáneamente al servicio de un fabricante de automóviles cuya gloria proclamaba con letras de fuego. Yo dormía en aquella de las tres piezas que, durante el día, servía a mi padre de despacho, frente a un retrato de Karl Marx, bajo un retrato a pluma de Jules Guesde[8] y una fotografía de Jaurès, que junto a él representaba, con la barba hacia adelante al estilo de los Inmortales de Darío, el optimismo meridional, la alegría de existir en un mundo que iba a ser tan bello, la dicha de convencer, de ver a tanta gente que desfilaba hacia la ciudad fraternal que se divisa, para ellos, ¡en lontananza de la historia, que se les señala con el dedo y hacia la que les empuja un huracán de profecías.

---

[8] Mateo Basilio Guesde, llamado Julio, socialista francés nacido en 1845 y muerto en 1922. Colaboró en la redacción del programa colectivista revolucionario. Fue ministro de Estado desde agosto de 1914 hasta octubre de 1915. *(N. del T.)*.

Tenía así, junto a mí, a un Jano socialista de perfiles contradictorios, que evocaba a la vez el retiro estudioso y la improvisación creadora, el silencio fructuoso del gabinete de lectura y el alegre largar velas del recreo.

Karl Marx me fascinaba. Era un león, una esfinge, una erupción solar. La frente monumental emergía de una nube de hilos de plata como una inexpugnable torre de pensamientos. La mirada, de agudeza extraordinaria, perseguía al eventual contradictor, a través de toda la estancia, para reducirle al estado de objeción aplastada. El dibujo del bigote dispensaba la ilusión de sonrisa que, en otro tiempo, había debido de acoger, en Londres, en la mediocre morada del pensador, a ilustres visitantes que se llamaban León Tolstoi y Elisée Reclus[9], despedidos sin que hubieran escuchado ni una palabra de cortesía. Jules Guesde y Jaurès pertenecían a su época, uno por su melancolía, otro por su humanismo. Karl Marx escapaba al tiempo. Había en él algo de indestructible que era, transformada en piedra, la certidumbre de que tenía razón. Ese bloque de dialéctica compacta velaba mi sueño de niño.

---

[9] Reclus (1830-1905) fue acérrimo anarquista y prestigioso geógrafo. *(N. del T.)*.

Conocí al Padre La Chaise antes que a papá Noel[10]. A los cinco años acompañaba a mis padres —que no tenían en París con quién dejarme— en sus peregrinaciones al Muro de los Federados[11], cita tradicional de los cortejos revolucionarios.

He visto ese muro bajo la nieve y al sol, con barro y con flores. Era el extremo del mundo, el dique donde la marea de los humanos venía a romper en roja espuma de ramilletes y estandartes. Había aprendido a permanecer pruden-

---

[10] No hemos resistido la tentación de traducir así el delicioso juego de palabras: *«J'ai connu le Père-Lachaise avant le père Noël»*. Como el lector habrá comprendido, el autor no se refiere a la persona del confesor de Luis XIV, sino al célebre cementerio parisiense que lleva su nombre. *(N. del T.)*.

[11] Monumento que, en el cementerio de Père Lachaise, conmemora a los guardias nacionales federados, muertos durante la insurrección de París y la posterior represión (mayo de 1871). *(N. del T.)*.

temente sentado durante horas, al pie de las tribunas, mientras que, sobre mi cabeza, pasaban discursos que me han dejado el recuerdo de largos regueros de tempestad donde se cernían miserias y banderas. Ante mí, innumerables rostros alzados sobre un campo de zarzamoras, escuchaban la relación de sus penas. Luego, las voces se callaban. De un extremo a otro del retornado silencio, el viento hinchaba las lenguas rojas de las banderas; de la tierra subía un murmullo, como el lamento de una resurrección incompleta, increpante: «¡Arriba, pobres de la tierra...!»; el extraño canto hacía retumbar su trueno del lado de las grandes esperanzas, sin alcanzar nunca la alegría; los ojos se henchían de una especie de plegaria mezclada con repulsa. *La Internacional* tenía morosidades y oleadas de cántico.

El socialismo vivía su edad de las catedrales.

Era una religión y, como cualquier religión en sus comienzos, excluía a todas las demás. No se trataba de un sistema económico —de los marxistas que he conocido, los que habían leído a Karl Marx no eran más numerosos que los católicos que han leído la *Suma Teológica* de santo Tomás de Aquino—, era una fe: el hombre era bueno, aunque los hombres no siempre lo fuesen, y había tomado en sus propias manos el gran negocio de su salvación. Nuestro Jaurès y nuestro Jules Guesde eran respetados como Padres de la Iglesia; Karl Marx, Moisés de los exilios proletarios, nos había sacado del Egipto del conformismo y de la sumisión. Había desaparecido hacía tiempo en las brumas del Támesis, pero aún nos acompañaba la violencia de su pensamiento y nos dirigiría irresistiblemente hacia el mundo reconciliado cuyo advenimiento había predicho. Éramos hermanos, no solo por la comunidad de creencias, sino por la sangre del interminable sacrificio humano de milenarios sin justicia. También son hermanos los hombres para las religiones tradicionales. Sin embargo, nuestra fraternidad no era del todo semejante a la suya. Las religiones tradicionales atribuyen a los hombres un padre común; la nuestra desconocía su existencia: nuestra fraternidad, sincera y profunda, era una fraternidad de huérfanos. Por eso, sin duda, más que hermanos nos llamábamos camaradas.

Era una fe, una iglesia nueva, y mi padre uno de sus capellanes más jóvenes y más dotados. Su madre le había puesto un nombre emparejado: Luis-Óscar, pero los camaradas le llamaban, no sé por qué, Ludovico. Tal vez creían que ese nombre, antaño novelesco, convenía a su perfil pensativo, a su calvicie, también precoz, a sus quevedos, a su mirada de miope que parecía verter, en redondo, distraídas raciones de café solo. Su viveza para despejar el sentido de una información política, para redactar un análisis, una moción, un artículo, le había hecho indispensable en los comités. Su inteligencia ahorraba tiempo y su memoria hacía las veces de archivo: por increíble que parezca, era capaz de enumerar los seiscientos distritos de Francia con el número de votos obtenidos por los elegidos en las dos vueltas, lo mismo que de dar las fechas del nacimiento y de la muerte de cualquier personaje sacado al azar de un diccionario. Todos sus libros, en los que abundan las referencias a hechos o a discursos, se escribieron de memoria, de la misma forma que, en las reuniones políticas o en la Asamblea, hablaba sin notas —a veces durante mucho tiempo— con frases rigurosamente construidas, con una voz que expresaba primero el eco insólito de una mezcla de emoción y de ironía, para terminar con el martilleo de un obsesionante galope de bronce.

En la Cámara de Diputados era el que se encargaba de acoger en la tribuna, en nombre de su grupo, a los ministros en trance de investidura, y hay quienes no se repusieron de ese bautismo administrado con gran acompañamiento de pescozones sarcásticos. Tanto hablaba fuera que nada decía en casa. Habiendo salido por la mañana temprano, regresaba al anochecer para cenar solo una invariable minuta consistente en huevos duros aliñados, patatas asadas y avellanas, que se entretenía en cascar con los dientes, mientras su mirada seguía por el mantel a un pensamiento o resbalaba, de soslayo, por un periódico doblado en cuatro junto a su plato. Yo atravesaba la habitación sin decir esta boca es mía, casi de puntillas, rodeando a ese monumento de concentración intelectual tímidamente clasificado por la familia. Mudo, sus ojos me seguían con simpatía.

Una que otra vez, en verano, sentía la necesidad de respirar el aire de su tierra natal. Tan pronto llegaba, se iba de pesca —la caña al hombro, en la mano un cestillo de mimbre tapizado de hojas frescas— a la orilla del riachuelo que corría por las afueras del pueblo, entre los juncos y las hierbas locas. No escogíamos el lugar más abundante en peces, sino el más sombreado. Mi padre arrojaba su sedal al agua, liaba uno de esos cigarrillos cuyo papel ardía más despacio que el tabaco y que terminaban como una hoja seca en el rincón de sus labios. Iba a recostarse, con la espalda apoyada en un árbol, con el sombrero sobre la nariz, recomendándome que vigilara el corcho, que no se zambullía a menudo, siendo mi obligación dar la alarma en caso de captura. Tras una hora de húmeda inercia en el chirrido de los prados, regresábamos con una o dos brecas que se estremecían en el fondo de nuestro cesto. Mi tía las freía mientras se reía del botín. En la mesa manteníamos conversaciones típicas de Belfort, de las que ya he hablado, reguladas por la fluidez local de una palabra cada cuarto de hora; una palabra cuidadosamente escogida para que nadie se sintiese obligado a responder. La presencia del cabeza de familia, su creciente reputación de orador y de político, nos mantenían callados, y la facilidad para la réplica que había heredado de su madre nos volvía prudentes. Estábamos cargados de buenos sentimientos hasta la punta de la lengua, como cañones a los que nadie se atreve a disparar. Los trapenses son más parlanchines. A fuerza de no decir, todas las palabras nos parecían inadecuadas y nos comprendíamos mejor sin ellas. Mi tío se permitía apenas un «¿Cómo vamos por allá?», que engloba el pasado, el presente y el futuro en una interrogación impersonal marcada con una razonable inquietud. El «¿Cómo vamos por allá?» incluía discretamente la suerte del hermano mayor que había partido para demostrar sus méritos «allá», en París, y que respondía con una mueca que expresaba a la vez cuanto de satisfacción moderada y de escepticismo hacía falta expresar sobre las cosas de la política, que jamás se sabe si van bien o mal, para dejar a la familia informada y tranquila.

Cuando, de acuerdo con la tradición, los vecinos venían a compartir la tarta de arándanos o de ruibarbo y a tomar café con nosotros, mi padre era otro hombre. La necesidad de explicar y de convencer animaba su rostro, impasible de ordinario; sus manos, que las tenía bonitas, participaban en la demostración golpeando un ángulo de la mesa o alzando contra la tesis enemiga un índice vehemente; su actitud un poco envarada no evocaba ya el peso de la meditación, sino la contracción preparatoria del salto. Se tomaba el mismo trabajo para conquistar al humilde auditorio que para arrancar el voto a una Asamblea legislativa, y nosotros, por nuestra parte, nos asombrábamos de que un ser tan sereno, tan poco expresivo, pudiera liberar de golpe tanto vigor y demostrar tanta pasión. Le veíamos tal como era, y lejos de los suyos la política le cambiaba todos los días; comprendíamos que pertenecía a una idea y adivinábamos vagamente que no habría de devolvérnosle.

Era un desasimiento extremado y nunca hizo algo que semejara un cálculo material, por más que temió mucho tiempo, a pesar de su notoriedad, que hubiese de conocer otra vez la miseria de los años que siguieron a su destitución. Si no le hubiera expulsado una guerra, la pequeña vivienda de sus comienzos habría sido la de su fin. Rara vez intervenía en nuestra vida cotidiana y generalmente era para anunciar que no intervendría. Una vez, sin embargo, lo hizo para ordenar a mi madre que devolviera al comerciante la caja de soldados de plomo que me habían regalado por Navidad: se cambió por una especie de juego cultural eléctrico. Como socialista, no admitía que una sociedad estuviese fundada en razones de fuerza: nada de soldados en nuestra casa. Una de mis sorpresas de niño sería saber que la Rusia soviética tenía su ejército, con una disciplina, una jerarquía, uniformes. ¿También allá se tenía esa visión pesimista de la naturaleza humana que hace a los soldados necesarios? No. Se trataba de resistir el cerco del mal. Por lo demás, el ejército de los soviets se conocía con el nombre de *Ejército Rojo,* y yo lo imaginaba pintado precisamente de rojo, lo que bastaba para hacerlo diferente a los otros.

La Rusia de los soviets atraía a mi padre como a todos los socialistas de su tiempo. Un día partió hacia allá con Marcel Cachin[12], director de «L'Humanité», una maleta de libros y orden de negociar una eventual adhesión del partido a la III Internacional. El viaje les llevó dos semanas a través del Báltico, Stettin, Helsingfors: el cordón sanitario tendido por las potencias burguesas no permitía abordar de otra forma a la patria del socialismo. En Moscú encontraron a los principales protagonistas de lo que mi padre había llamado, desde que supo la noticia, «el acontecimiento del siglo». Estuvieron como ofuscados por ese fuego que aún ardía. Escucharon a Lenin amonestaciones y discursos acidulados de escarnios sobre

---

[12] Cachin (1869-1958) fue uno de los creadores del Partido Comunista francés. *(N. del T.)*.

el aburguesamiento de la II Internacional, la de ellos, y sobre la impotencia ideológica de «L'Humanité», en la que nunca había encontrado, según dijo, más que una columna socialista: «la de las suscripciones». Aturdidos por el alboroto de los doctrinarios que les abrumaban con aforismos y prescripciones, desorientados por la complicada coreografía de las negociaciones eslavas, sospecho que hubieron de sufrir, por lo menos, algunos cambios de humor, o de táctica, que hicieron que el hielo, imprevisible, sucediera al abrazo.

Pero un país acababa de pasarse al socialismo; por primera vez en el mundo las clases menos favorecidas detentaban la totalidad del Poder por conducto de su vanguardia política; el marxismo salía de su ensueño dogmático para entrar en la vida de un pueblo inmenso: todo lo que de desacostumbrado e incluso de inquietante podía haber en el estilo ruso, completamente orientado hacia la explotación de la idea, mucho más sistemático y mucho más riguroso que el suyo, mucho menos sensible también a esos matices individuales cuyas más pálidas expresiones acogían piadosamente los Congresos occidentales, las mismas crueldades de la guerra civil, que continuaba bajo la forma subsidiaria de la depuración, todo fue borrado por la imagen abstracta, pero fascinante, de la ciudad futura esbozada ante ellos por constructores que se proclamaban convencionales del 93[13] y combatientes de la Comuna. Cuando los dos peregrinos regresaron a Francia se habían adherido de corazón; éste les proveyó de razones. En el Congreso que siguió, dos tercios de los militantes escogieron, movidos por su llamamiento, la III Internacional: fue la escisión de Tours.

Esas peripecias, no hay que dudarlo, no afectaron a mi existencia de niño juicioso. Se vio menos por casa al camarada Charles Rappopport y lo sentí. De todos los dirigentes del partido era el que me agradaba más por su barba de san Nicolás, por su risa y por su personalidad jovial de ogro vegetariano. Pero debía de pertenecer a otra fracción, como Léon Blum, a quien también amaban los niños: tenía la delicadeza de tratarlos como a personas mayores en vez de sentirse obligado, como otros, a hacer el niño delante de ellos. Íbamos más a menudo a casa de Marcel Cachin. Su mujer, robusta americana, me alzaba en volandas con todas las demostraciones a las que el régimen de Belfort no me tenía acostumbrado. Su vigor me asustaba un poco y me tranquilizaba al mismo tiempo. Para mí, el partido era ella, el Muro[14] y un oscuro local de la calle Grange-Ba-

---

[13] De la Convención de 1793. *(N. del T.)*.

[14] El Muro de los Federados, al que antes se ha referido. *(N. del T.)*.

telière construido, eso me habían dicho, sobre un río subterráneo cuyo curso nocturno bajo el suelo de París no alcanzaba a representarme. ¿Pasaba bajo una bóveda? ¿Había bateleros de la Batelière?[15]. El destino de esa corriente de agua prisionera me daba escalofrío.

---

[15] Literalmente: «¿Habría bateleros en la Batelera?». *(N. del T.)*.

Cuando cortaron mis tirabuzones para enseñarme a leer, el primer libro que me regalaron mis padres, después del *Roman de Renart*[16], fue uno, con tapas rojas, con el grueso de un diccionario, y titulado *Pedrito será socialista.*

Por lo que recuerdo, era una variante ideológica de *La vuelta a Francia de dos niños*[17], redactada con el lenguaje apropiado para familiarizar a los niños con las ideas fundamentales del pensamiento marxista. Pedrito, caminando

---

[16] El *Roman de Renart* es una vasta colección de narraciones en versos octosílabos, compuesta entre los siglos XII y XIV. Es una epopeya animalesca. Sus episodios no tienen más relación entre sí que la que les presta la constancia de su personaje principal, Renart (el Zorro). Su edición más apreciada es la de Ernest Martin (1882-1887). Frossard debe de referirse a una adaptación para niños. *(N. del T.)*.

[17] Libro infantil de lectura tan popular, en la Francia de principios de siglo, como lo fue para nosotros el *Libro de Juanito. (N. del T.)*.

y preguntando, se enteraba de las realidades sociales, de las servidumbres de la condición proletaria y de las injusticias de una sociedad fundada en la explotación de los humildes por una clase favorecida, poseedora de los medios de producción y de cambio que son la tierra, las herramientas, las máquinas o el dinero, y que succionaba todo el provecho del trabajo ajeno. Al proporcionarle ese trabajo nuevos medios de adquisición, se enriquecía sin cesar mientras se multiplicaban los pobres, que se empobrecían más.

De ahí resultaba, entre la clase de los poseedores y la de los desposeídos, un estado de tensión permanente, de «lucha de clases», que desembocaba periódicamente en revueltas; el fin único de las leyes era impedirlas, prohibirlas o reprimirlas. En todos los tiempos, las instituciones habían sido concebidas por los privilegiados para perpetuar sus privilegios, la moral estaba encargada de atar las conciencias al orden establecido contra la justicia, despreciada por el capitalismo y pospuesta hasta por la religión.

Pero Pedrito aprendía pronto que existía un remedio para el mal inmenso y viejo como la historia. La *socialización de los medios de producción y de cambio* modificaría radicalmente las relaciones humanas y las purificaría de todo lo inicuo y pernicioso que había en ellas. Nunca más se establecerían de dueño a esclavo, de opresor a oprimido, sino de hombre a hombre, en la igualdad perfecta de un desapropiamiento general pronunciado por la ley en beneficio de la colectividad. De los bienes producidos por los trabajadores, la sociedad detraería lo necesario para dar «a cada uno según sus necesidades». La avidez, el afán de acaparamiento y de dominio perecerían de inanición al no encontrar sostén, y menos aún estímulo, en la nueva sociedad. Al haber desaparecido los antagonismos económicos y sociales con aquello que los hacía inevitables, la guerra dejaría de tener objeto y desaparecería de la superficie de la tierra. Los antiguos poderosos, reducidos en cierto modo por la equidad, se humanizarían en la misma proporción, mientras que los trabajadores recobrarían su dignidad con la plena posesión de su propia persona. La moral dejaría de ser ese código diversamente penal de la resignación, y los últimos muros de la construcción religiosa, privados de sus puntos de apoyo, se hundirían por sí mismos. Los hombres conocerían, por fin, el gusto de la justicia y de la paz. La ciencia se encargaría del resto.

No pretendo resumir el marxismo en una página y es posible que acabe de mezclar el recuerdo de sus primeras lecciones y el de mi grueso libro rojo. Sea lo que fuere, Pedrito se hacía socialista. Como también adivino que era serio y generoso.

Ya he dicho que Dios no existía; pero había muchas maneras de no existir. Para unos, que repartían gustosos viejos opúsculos que alineaban «las doce pruebas de la no existencia de Dios», lo que sugería, en la negativa, siete pruebas más que la demostración habitual de los apologistas —quienes, generalmente, solo enumeran cinco en apoyo de lo contrario—, el ser imaginario designado con ese nombre era simplemente una invención de los clérigos, un término arbitrario fijado por ellos al concatenamiento de las causas, o una manera infantil de gritar «¡No juego!» antes de terminar el discurso de la naturaleza. Eran los que llevaban grandes sombreros negros. Estaban un poco sorprendidos de que un hombre como Robespierre, que concentraba en su persona todo el espíritu de la revolución, hubiera hecho tan a menudo referencia a un «Ser supremo» que parecía tener algunos puntos comunes con el

Creador de las religiones abolidas. Pero tal vez era, justamente, la necesidad de absoluto que llevaba en sí lo que le había empujado a cerrar su obra por el lado del cielo, que quedaba peligrosamente abierto, instalando allí a un Ser anónimo, bastante próximo al «Gran Ser» de la Antigüedad pagana, situado en una especie de presidencia del orden natural, privada de atribuciones y de responsabilidades. Así se explicaba el deísmo de Robespierre.

Para otros, la existencia de Dios no solo era inverosímil, sino inadmisible. Hubiera puesto, en el origen de todo, una desigualdad capaz de hacer la oposición ociosa y el diálogo imposible. El acto creador comunica una forma a la criatura y, con esa forma, las leyes que serán propias de su estado; ahora bien, los objetantes a que me refiero no podían aceptar que les hubiese sido dada una ley que ellos no hubieran tenido que debatir. El azar, a cuya actividad atribuían la armonía de las cosas, no tenía esas exigencias; además, lo que él había hecho podía ser deshecho sin contravenir los decretos de una omnipotencia. Había en ellos una negativa *a priori:* planteaban, como se dijo en las asambleas, «la cuestión previa».

Para muchos, la religión era una forma primitiva de conocimiento que no resistiría al progreso de las luces. Por falta de poder explicarse los fenómenos naturales, los primeros hombres habían atribuido su producción a seres sobrenaturales, cuyo favor era cosa de atraerse: «Dios» no era, en suma, sino la proyección condensada de todo lo que no sabían. Cuanto más supieran, menos creerían; estaba claro que el dominio de las religiones habría de retroceder a medida que se extendiese el de las ciencias. La religión se acabaría el día, verosímilmente próximo, en que todo estuviese explicado. Los que compartían este punto de vista no caían en la cuenta de que las cosas explicadas tenían aún más necesidad de explicación que las otras. A estas objeciones teóricas venían a añadirse, en caso de necesidad, las que podían engendrar el sufrimiento de los inocentes y las imperfecciones de la Iglesia, pero el caso de necesidad raramente se presentaba.

El anticlericalismo no desempeñaba ya el papel determinante que le había correspondido a principios de siglo. La separación de la Iglesia y del Estado había separado efectivamente a los combatientes, que, en otros campos de batalla, aprendieron a conocerse mejor. Por otra parte, pequeños grupos de cristianos, rompiendo con la tradición que les había retenido mucho tiempo en las derechas, se llamaban demócratas y hacían esfuerzos para serlo realmente. Los encontrábamos amables, sin llegar a tomarlos completamente en serio. En el segundo Congreso de Moscú, un delegado holandés había levantado una enorme ola de hilaridad al presentar la candidatura, para no sé qué puesto, de un camarada «cristianocomunista». Después de haberse divertido con esta contradicción en los términos, el Congreso no había hecho caso, y mi padre, que sin embargo no era sectario, anotaba en sus apuntes que la broma holandesa le había parecido un poco pesada. Nos parecía imposible que gentes sujetas a un magisterio que procedía por definiciones soberanas, obligadas a la confesión (aún no tenía estatuto la *autocrítica*) y sometidas, hasta en la intimidad de sus pensamientos, a las investigaciones del sacerdote, pudiesen nunca ser demócratas en el sentido en que lo entendíamos; todavía menos, comunistas. Pero la pasión religiosa se había atenuado mucho. Se comían pocos curas entre nosotros, incluso durante las grandes fiestas.

Rechazábamos todo lo que venía del catolicismo, con una señalada excepción para la persona —humana— de Jesucristo, hacia quien los antiguos del partido mantenían (con bastante parquedad, a decir verdad) una especie de sentimiento de origen moral y de destino poético.

No éramos de los suyos, pero él habría podido ser de los nuestros por su amor a los pobres, su severidad con respecto a los poderosos, y sobre todo por el hecho de que había sido la víctima de los sacerdotes, en todo caso de los situados más alto, el ajusticiado por el poder y por su aparato de represión. Mi padre no se hacía de rogar demasiado para recitar a los amigos un poema de Jehan Rictus titulado *Si él volviese*[18], construido en el lenguaje popular sobre

[18] Jehan Rictus es el seudónimo de Gabriel Randon (1867-1933), que cantó la miseria del pobre en el argot parisiense. Su

el tema de un eventual regreso de Cristo entre los hombres. «Si Él volviese...» las cosas ocurrirían sin duda de la misma forma, salvo que, sin embargo, la burguesía —instruida por la experiencia— se las arreglaría para no hacer de Él un mártir, sino un iluminado al que habría que tratar —enérgicamente— con suavidad. Lo cierto es que no pondría los pies en casa de los que pretendían pertenecerle; no se le vería en la iglesia; más bien en la comisaría con los desechos del orden establecido. La elegía expresaba hacia él la ternura vagamente protectora de un apiadamiento próximo a la compasión:

«¿Aún tienes tu lanzada en el costado?»

Esa lanzada en el costado del Crucificado constituía un cargo suplementario contra la sociedad, y mi padre decía el pasaje con una fuerza extraordinaria.

Según la opinión general, el Evangelio, desembarazado de sus superestructuras místicas, podía pasar por una introducción bastante buena al socialismo; se lo concedíamos de buen grado a los cristianos que lo pedían. Hecha esta concesión, nos asombrábamos de que no se hiciesen socialistas en seguida. En cuanto a hacer-

---

obra está recogida bajo el título general *Soliloques du pauvre*. *(N. del T.)*.

nos cristianos, la idea ni nos rozaba. Todo lo que había precedido al socialismo no había hecho sino anunciarlo. Nuestra fe nos bastaba. Ligada al movimiento mismo de la historia, tenía ante nuestros ojos la ventaja de ser irrefutable. Y bien podría ser, efectivamente, que la única manera de refutar el socialismo fuese aplicarlo.

El creyente se imagina a menudo, equivocadamente, que el incrédulo, en la soledad de sus pensamientos sobre la vida y la muerte, sufre por no poder dar respuesta a los innumerables «porqués» que vienen a hostigar a las conciencias, a pesar del interdicto pronunciado contra ellas por el espíritu científico. Pero para el incrédulo la vida es asunto de los sabios, que sabrán un día reproducirla y que, por consiguiente, le librarán de la muerte. Por lo demás, hay que comprender bien que el colectivismo no es solo una doctrina económica, sino una verdadera mística que ofrece a sus adheridos una cierta forma impersonal de inmortalidad. Aquel que viviera íntegramente para la comunidad, ¿qué tendría que perder al fin de su vida? Las quijadas de la muerte castañetearían en el vacío. Habiendo abandonado todo a la colectividad, sobreviviría en ella de algún modo; en ella, que, por otra parte, le habría acostumbrado, de tiempo inmemorial, a delegarle su juicio y su voluntad. El místico colectivista se pierde en la colectividad como el místico cristiano se pierde en Dios. La diferencia es que aquel no se encuentra.

Este libro no es una confesión. Sería incapaz de dedicarme a ese género literario: el deslumbramiento de julio, que describo más adelante, ha borrado en mí casi todo lo que lo ha precedido. Las impresiones de la infancia han resistido, pues todas ellas tienen tal fuerza para nosotros que acaban incluso por prevalecer con la edad, pero las de la adolescencia no subsisten en mi recuerdo, sino en forma de esas manchas indecisas de color que danzan en la retina después de que, por un instante, se ha mirado el sol.

Lo que he sido entre los diez y los veinte años supongo que todo el mundo lo ha sido a esa edad. Sin embargo, además de las particularidades de ambiente de las que ya he hablado, tengo algunas diferencias que señalar: son desfavorables para mí.

De que mi padre había sido sumamente brillante en clase se dedujo que yo también lo sería: se equivocaban. Se equivocaron con mayor facilidad porque comenzaron teniendo razón.

En la escuela municipal todo fue bien. Éramos todos de origen modesto, por lo menos en apariencia; todos llevábamos el mismo delantal negro; nuestros maestros veían la vida como la veían nuestros padres, y nos enseñaban con el tono de gravedad que era entonces común a los dispensadores de ese servicio, relativamente reciente, que las clases pobres aún no están acostumbradas a recibir, y que era la instrucción, toda su fortuna. El mundo era sencillo. La historia, caminando entre el bien y el mal, bajo un cielo casi enteramente ocupado por Víctor Hugo[19], sostenida por la virtud, retardada por la ignorancia, iba hacia los dichosos desenlaces predichos por los mejores, que también eran los más clarividentes de los hombres. La libertad daba acceso al ideal de bondad y de fraternidad universales, que no era solo aquel de nuestros maestros, y por consiguiente el nuestro, sino el de la República y el de la filosofía de la época. Para ser libre no había sino aprender; aprendíamos, instruidos con paciencia y minucia por docentes ejemplares, conscientes de guardar, en sus libros, el secreto de todas las realizaciones.

---

[19] Alusión irónica a la extraordinaria gloria que el poeta disfrutó en vida. *(N. del T.)*.

Mis puestos eran buenos, los pequeños rectángulos de cartulina amarilla, azul y roja de las «buenas notas» se acumulaban en el saquito de terciopelo negro que un cordoncillo echado al cuello mantenía sobre nuestro pecho, como un escapulario. Cierto número de buenas notas daban derecho a la cruz de honor; fui condecorado a menudo. Trabajaba con facilidad, si bien en el estado de vacío y de ausencia que me era habitual. Tuve que hacer un dictado de Merimée. Fue probablemente causa de mi perdición: solo tuve una falta, en la palabra «alvéolo», cuya forma y destino me han parecido siempre del género femenino[20]. Me creyeron con disposiciones excepcionales. Mi padre me vio ya normalista, pero normalista de *l'École*[21], agregado, profesor de historia, en fin, todo lo que él hubiese sido fácilmente si la pobreza no le hubiera obligado a escoger una vía más corta. Después de una consulta de mis maestros y del director de la escuela, reunidos una tarde en casa de su antiguo colega, se decidió enviarme al liceo. Entré en sexto con nueve años y medio.

---

[20] En francés, *alvéole:* la terminación en e, que puede pertenecer a ambos géneros, justifica la equivocación. *(N. del T.).*

[21] Esta Escuela, por antonomasia, debe de ser la *École des Chartes,* famosa por el rigor de su selección, por la altura de sus estudios y por ser el más fecundo semillero de historiadores franceses. *(N. del T.).*

Demasiado pronto. Aún más que el cambio de métodos y de enseñanza, el cambio de ambiente me resultó fatal. Mis camaradas de la municipal se parecían a mis primos, a mis amigos de la infancia; teníamos el mismo género de vida, disfrutábamos, después de clase, en tristes calles de París que hubieran podido ser calles de Belfort. En el liceo, situado al borde de los lujosos barrios, donde las casas tenían ascensores, los muchachos que me rodeaban habían ya recibido de sus padres el uso, si no los usos, de la buena sociedad y sabían por instinto que ese mundo, en el que aún no habían penetrado, habría de corresponderles un día de pleno derecho. Uno no se instruía para ser libre, sino para dominar; yo sentía eso de otro modo, pero era eso lo que sentía. La municipal era un bien público; el maestro de escuela, un heredero de los sabios de otro tiempo, un igual de los enciclopedistas; le debíamos atención y gratitud. El liceo se parecía a un castillo de familia (que no era mi familia) en el que el profesor había asumido la sucesión de la niñera para dispensar un alimento intelectual que no le valía más que un débil aumento de consideración. La seguridad de mis pequeños camaradas, que estudiaban con negligencia y jugaban con decisión; la ironía de nuestros profesores, que nos llamaban «señor» con una aparente ceremonia, haciendo hincapié en la cortesía proporcionalmente a nuestra ignorancia; el cambio de clase y de maestro, según las materias; todo se me hizo motivo de confusión y de ansiedad. La aprensión se apoderaba de mí, desde que divisaba, a lo lejos, los muros del liceo y sus ventanas estriadas con enormes barrotes. Con verdadera desesperación de niño franqueaba el umbral de la inmensa jaula encristalada en la que no tenía amigos que encontrar. En clase no cesaba de temer que me preguntaran sino para inquietarme de que no lo hicieran. Si una pregunta me obligaba a levantarme, se apoderaba de mí un vértigo que me vaciaba la cabeza del poco saber que pudiera contener y me dejaba sin voz, en el silencio de la conmiseración. Durante los recreos no me acuerdo de haber jugado a algún juego, fuese cual fuese, con los otros, que se arremolinaban desplazándome a veces como a un mueble que estorba. De cuando en cuando atravesaba el patio como un loco para tener aspecto de que participaba; ponía tanto ardor en darme esa ilusión que me partí dos veces la ceja al caer.

Renuncié a correr, luego a estudiar. Conseguí una cierta destreza en escamotearme para ir a vagabundear por las calles o a soñar en los bancos de los jardines públicos en compañía de Voltaire y de Jean-Jacques Rousseau: tenía la evasión filosófica, y es un hecho que no he leído novelas antes de mis treinta años, salvo las de Voltaire; pero esas son libelos. El autor de *Cándido* me deslumbraba. No se podía tener la mirada más aguda, la inspiración más ágil. Le veía, espadachín invencible, atravesar un siglo, espada en mano, entre una gran desbandada de tiranos, de magistrados indignos y de eclesiásticos furiosos y asustados. Bien creo haber leído diez veces su *Diccionario filosófico,* extasiándome con definiciones en las que lo que hoy debo llamar bajeza chabacana, me parecía el colmo de la elegancia.

Sin embargo, Rousseau me atraía más. Poseía menos esa agudeza que mantiene a distancia y, bajo los oropeles de la vanidad de autor, se adivinaba el sufrimiento del inadaptado de genio que no tiene otro recurso que cambiar el mundo para no estar demasiado descentrado en él. Este, que se creía tan bueno como probablemente no le hubiese gustado ser, estaba mucho menos a sus anchas que el otro en la buena sociedad, y los exabruptos que soportaba allí me hacían quererle. Imaginaba que sería más desgraciado que yo en el liceo, que frecuentaba cada vez menos. Al precio de un esfuerzo anual violento y breve logré algún tiempo irme izando de clase en clase; luego, la distancia se hizo demasiado grande y hube de redoblar mis esfuerzos. Mi madre se alarmó. El vigilante de estudios, personaje asirio de impresionante amplitud torácica, alzó los brazos al cielo y le explicó, con voz que retumbaba en su enorme cripta pulmonar, que yo estaba exactamente como ido, tanto si estaba allí como si no estaba, de manera que las observaciones ni me rozaban, ya que no podían alcanzarme. Mientras que él hablaba ni me acordaba de haber recibido la menor amonestación ni el menor signo de interés por parte de alguien, lo que probaba hasta qué punto decía él la verdad.

En casa, mi padre me observaba con mirada cada vez más pensativa. Una mañana me convocó al pie de su lecho, en el que pasaba mucho tiempo leyendo, escribiendo o componiendo sus discursos, en medio de una bandada de periódicos, y usó conmigo el lenguaje de la razón que, por entonces, se dirigía a un sordo.

Solo mucho más tarde comprendí qué decepción había sido para él, qué tristeza había debido causarle. Los niños saben muchas cosas, pero no saben lo que es un niño.

Mi madre se negaba a admitir una ineptitud escolar que atribuía a cualquier trastorno del crecimiento, a la incomprensión de mis profesores, al clima de París, en fin, a cualquier razón que excluyese la inferioridad de un ser que amaba, como ella, la pintura y la música. El amor materno aceptaba por anticipado todas mis justificaciones y añadía, a veces, otras en las que yo no habría pensado. Si no podía soportar el liceo es que el liceo debía estar muy mal hecho.

Solo vivía para el dibujo y, en cierta medida, por el dibujo. Papel, una pluma, tinta china, y era feliz. Por lo demás, dibujaba siempre la misma cosa, sin duda bajo la influencia persistente de la *Ilíada,* a la que ni Rousseau ni Voltaire habían podido hacerme olvidar; templos griegos, según los grabados de un libro de arquitectura. La hoja blanca, desempeñaba el papel de la luz, y los pequeños trazos de pluma que yo empleaba sin pensar, por millares, operaban la sustracción de espacio que iba a obligar a la forma a surgir y a declararse. Creyendo apremiarla a manifestarse antes, llegaba en mi inexperiencia a forzar el trazo y a multiplicar las solicitaciones de la pluma, error fatal que transformaba de golpe mis pacientes plumeados en una empalizada tras la que permanecía obstinadamente oculta la forma esperada. Había que llevar las cosas a revelarse, a confesar su identidad, ambición que un exceso de pluma de algunos milímetros bastaba para arruinar: el tracito supererogatorio actuaba como una negación entorpeciendo la tentativa; añadía otros con la esperanza de anularlo y la blanca columna que trataba de sacar a la luz desaparecía pronto en un matorral de tachones. Rasgaba la hoja y volvía a empezar, diez veces, cien veces, con una increíble obstinación.

Viéndome esas perseverantes disposiciones, mi madre, que no me menospreciaba, se acordó de que Coubert era del Franco Condado y que nuestro pueblo se enorgullecía de un excelente pintor del Hoggar cuyo sucesor me consideró desde entonces, puesto que nuestra tierra natal estaba claramente destinada para proveer a Francia de artistas. Otro del Condado, vecino de París, que había firmado en su tiempo agradables canciones de amor, le aconsejó presentarme al examen de ingreso en la Escuela de Artes Decorativas, que él creía a mi alcance. Y, en efecto, fui admitido con buen puesto algunos meses antes de la edad exigida. Mi padre, decidido a satisfacerse con lo poco que yo podía producir, se mostró contento, a su manera discreta, es decir, que nada dijo, y me llevó con él, en plan de camaradería, a la lejana circunscripción de la Martinica, de la que era diputado hacía dos años.

Durante los doce o trece días de la travesía cambiamos cinco o seis palabras, cargadas de tal atraso de sentimientos que se fueron a pique en el silencio ordinario de nuestro trato.

En Fort-de-France centenares de embarcaciones empavesadas nos esperaban bajo un cielo en ebullición, y no tocamos literalmente tierra hasta la noche, llevados de tribuna en tribuna por una multitud entusiasta, reidora, y —creo que me haré entender— de una exquisita dignidad en su miseria. El día siguiente y los sucesivos, mientras que mi padre cumplía con su duro oficio, discurseando y parlamentando, sacando aquí un aumento de salarios, derribando allá una resistencia administrativa, un afectuoso profesor de geografía, lleno de erudición y de humor, se encargó de hacerme visitar la isla y contarme su historia; me mostró el árbol del pan, el árbol de la manteca, el árbol de la vajilla[22]; me enseñó a reconocer el manzanillo, que causa la ceguera; me mostró una de las cosas más bonitas que puedan existir: una plantación de ananás en el crepúsculo; y una de las más amedrentadoras, la montaña Pelada, expulsando en la noche pedazos de roca incandescente. Yo llenaba mis cuadernos de viaje con croquis sin valor y con anotaciones sin interés, que me causaban mucha satisfacción.

Por la noche, en medio del chisporroteo de abejorros multicolores remitidos de una pantalla a otra bajo frondosos miradores, nos servían la mesa dos encantadoras jovencitas. Admiraba su talle, apretada prisión de la gavilla, su fino perfil dibujado en la sombra por un hilo de luz, y no habría imaginado una suerte más feliz que vivir a sus pies, en la contemplación de la materia preciosa de la que estaban hechas.

Deliciosa y fatigante, nuestra estancia duró un mes, durante el cual tuve tiempo de comprender por qué mi padre hablaba tan poco en casa; ya no tenía fuerzas. Tras haber respetado su silencio, comencé a respetar su persona.

---

[22] El traductor confiesa que no ha podido localizar esta última especie arbórea. Se inclina a pensar que es una de las frecuentes bromas del autor: después del pan y de la manteca... *(N. del T.)*.

En el barco que nos devolvía a Francia, nos reintegramos cada uno a nuestro mutismo. Estas semanas pasadas en compañía, nos habían ayudado a entendernos mejor. Ya no teníamos necesidad de palabras: un gesto, una mirada bastaban; la experiencia que, para lo sucesivo, teníamos el uno del otro, nos permitiría recortar esos dispendios de expresión.

De regreso a París no fui más asiduo de la Escuela de Artes Decorativas de lo que había sido del liceo. Mis años de indisciplina me habían hecho incapaz de plegarme a un horario y de soportar cualquier sujeción, lo mismo que de ejecutar las figuras impuestas por una enseñanza que, a falta de poder darnos talento, se esforzaba por proporcionarnos, al menos, técnica. Ser decorador apenas me tentaba; no tenía gusto lo bastante seguro ni lo bastante malo. Habría querido ser arquitecto, a condición de que hubiese templos griegos que construir, aunque la palabra «arquitecto» fuese la injuria más sangrante del vocabulario de los aprendices de pintor. Como la vigilancia de la Escuela era más fácil de burlar que la del liceo, pasaba mis días en los jardines, las piscinas, los museos, las exposiciones, en las que me iba derecho a la sección de arquitectura para embriagarme de azules de tiralínea. Poco me importaba su objeto con tal de que estuviesen hechos con bellos rectángulos, con curvas exactamente trazadas en la intersección del vacío y del peso, con esos cuadrados perfectos a los que una deliberada negligencia, al prolongar las líneas un poco más allá de su encuentro, dejaba travesaños de ángulo que ligaban el dibujo al espacio circundante. En las galerías de pintura del Louvre buscaba las composiciones sostenidas por un motivo ornamental, preferentemente ático.

Buscaba tímidamente la compañía de las jovencitas, a las que rodeaba de atenciones platónicas, cuando el azar de su curso ideal las ponía un instante al alcance de mis devociones. Sin embargo, el día que cumplí quince años, dueño de algunos billetes, creí cuestión de propia dignidad pasar la velada con una dama del asfalto, y tomé el Metro hacia Montparnasse. Cuando llegué, descubrí, en el extremo de un pasadizo desierto, a un mendigo filiforme que parecía pintado con alquitrán en la pared de cerámica blanca, como los Matisse de la capilla de Vence. En el momento de pasar ante él sentí que esa noche no iría más lejos. Ignoro si fue la piedad, la crueldad del contraste entre ese desgraciado, reducido a tender la mano en el vacío, y el juerguista ruborizado y furtivo que me disponía a ser, el deseo de realizar una acción imprevista, o el cobarde alivio de sobreseer una experiencia que estaba por encima de mis resoluciones; el caso es que el puñado de billetes que apretaba en el fondo de mi bolsillo pasó a la gorra del pobre y que volví para hacer picar mi billete de regreso. ¡Ay, no siempre habrá pobres para detenerme en el mal camino!

Mis buenas acciones se hacían raras, sin embargo. Mi capacidad para integrarme a un ambiente o a un grupo me devolvía poco a poco al estado salvaje, y mi madre tenía que lamentarse muy a menudo de mi carácter. Imposible reconocer al niño dulce y silencioso, al que las gentes que aman su tranquilidad le hacían poco antes tantos cumplidos, en el gran imbécil agresivo, preocupado por su musculatura, que pasaba sus mañanas azotando el agua tibia de las piscinas, no aceptaba consejos ni observaciones, no mostraba paciencia más que con su hermana menor y pretendía instruirse completamente solo, pensando en las musarañas y acumulando lecturas filosóficas disparatadas, de las que quiso la suerte que nada asimilara. Mi madre, que como todas las madres se atribuía más responsabilidades en mis fracasos de lo que se vanagloriaba de mis éxitos, se esforzaba por convencer a mi padre de que mi desorden era un efecto del arte. Él lo dudaba. A su parecer, nunca haría algo.

De todas formas trató de mandarme hacer alguna cosa. Como se había reintegrado al partido socialista, después de haber intentado, sin éxito, adquirir el espíritu de mortificación requerido por los dirigentes comunistas para el magisterio supremo, me sugirió que fundara una sección de juventudes socialistas en la pequeña ciudad minera del Este, de la que había llegado a ser alcalde y diputado. Yo preparaba estatutos y tarjetas de identidad, dirigí un discurso sobre el tema «Entramos en la carrera cuando nuestros mayores aún la siguen», a una treintena de muchachos reunidos en un salón municipal. Levantada la sesión recibí las adhesiones. Se adhirió todo el mundo. La sección había tenido un buen comienzo. La vi seguir su camino sin mí: no se me volvió a ver en la cabeza ni en la cola. De desesperante, mi caso se hacía desesperado.

Me disgusta entretener tanto tiempo al lector con mis germinaciones inciertas y perezosas, pero puesto que tengo que describir una gracia repentina, he de mostrar también que podía encontrar con facilidad a alguien más digno de recibirla que yo; esto, para aquellos a quienes he oído quejarse de no haber hecho el hallazgo que me ha sido dado hacer: probablemente se les ha considerado más aptos para descubrir por sí mismos lo que ha hecho falta revelar a mi debilidad.

Mi padre prosiguió una carrera que debía de conducirle, según el parecer unánime, a los más altos puestos políticos. De hecho, pronto fue ministro por primera vez en una combinación que duró veinticuatro horas; pero fueron veinticuatro horas impresionantes para él y para nosotros, que habíamos ido a contemplarle en su nueva dignidad bajo los techos pintados de un encantador palacete de la orilla izquierda, bastante asombrado, en el fondo, de alojarse en el siglo XVIII en vez de en el distrito dieciocho[23]. Perfectamente indiferente a los honores, insensible a las tapicerías y a las volutas doradas del mobiliario nacional, había aceptado ser ministro por modestia, como si, teniendo ya un nombre sin saberlo, creyese todavía necesario añadir a ese nombre una dirección oficial. Pero yo sé dónde ha pasado los mejores momentos de su vida política: en un pequeño café de su pueblo, entre el mostrador y la puerta vidriera, jugando a las cartas por la tarde, antes de cenar, con mineros resurgidos de sus fosas, cuyos ojos sorprendidos volvían lentamente a tomar contacto con el espacio y la luz. Allí era el mismo, lo sé; también ellos lo saben.

Por ocupado que estuviese en otra parte, seguía al acecho de las escasas esperanzas que yo podía ofrecer. Habiéndome enseñado un célebre caricaturista de izquierdas que un periódico es, desde luego, un cuadro en blanco y negro, y que un dibujo destinado a insertarse

---

[23] El distrito XVIII es Montmartre. Sin embargo, antes ha dicho el autor que había vivido en el XV. ¿Por qué esa preferencia del padre hacia Montmartre, si era político y no artista? Tal vez porque en ese barrio está la redacción de «L'Humanité». *(N. del T.)*.

en él debe inspirarse en la tipografía que lo circunda, traté de hacer, de acuerdo con estos datos, algunas caricaturas de políticos. Mi padre las llevó al periódico del partido, que aceptó mi colaboración con tanto agrado como apego tenía a la suya. Una de mis víctimas consideró político pedirme el original de su retrato, dándome las gracias en carta manuscrita. Era un antiguo presidente del Consejo; eso me procuró consideración. Puesto que sabía dibujar podía escribir. Una novela corta que había escrito a los quince años fue aceptada por un gran semanario y apareció en una página destacada. Olvidaron que debía ese honor a la recomendación paterna y empezaron a soñar, en torno a mí, que había habido grandes escritores tan carentes de diplomas universitarios como yo estaba entonces y como iba a estar todavía durante años, hasta que me llegó la ambición de ser oficial de marina. A decir verdad, la lista de esos autores espontáneos era bastante corta, pero me bastaría con un poco de buena voluntad para añadirle un nombre. Aguardaron pacientemente algún tiempo.

Pero yo conocía al dedillo mi arte de decepcionar. ¿Se interesaban por mis templos griegos? Me dedicaba a la caricatura para escribir cuentos cuando se publicaban mis dibujos. Se me veía novelista: me dedicaba al remo en las llanas aguas de la región parisiense, aunque al fin mi padre no pudo aguantar más y me intimó a ganarme la vida. Como no sabía de qué manera empezar, me hizo entrar, a los diecisiete años, en un periódico vespertino, dirigido por un amigo de un conocido. Fui adscrito a la gacetilla con la misión de instruirme mientras secundaba a los del oficio. Había allí algunos con entorchados y varios hijos de buena familia, claramente mayores que yo. Unos, a los que acompañaba a la comisaría, al lugar del crimen o al depósito, me ayudaron amablemente a formarme esa mezcla de escepticismo y candidez que hace de un periodista un chico que lo ha visto todo y que, sin embargo, se asombra aún de lo que a nadie sorprende ya. Otros, presintiendo sin duda que la vida les reportaría poco, se apresuraban a abusar de las libertades que aún ponían a disposición de su juventud y me arrastraban a malos sitios, a donde yo les seguía con agradecimiento.

Era el niño, el cachorrillo de la redacción. Se me trataba con bondad, confiándome una que otra vez algún artículo sobre la caída de las hojas y la exposición de gatos. Pronto se me descargó lo más posible de la crónica negra; nada traía de mis pesquisas. Por una feliz fatalidad, unas veces la víctima estaba como un roble y otras había fallado el suicida. El periodismo me agradaba cuando no me exponía a la hostilidad de los porteros, que todavía desconfiaban de los periódicos, especialmente de los periódicos de la tarde, cuyos enormes titulares debían de hacerles el efecto de un escándalo nocturno. Tomaba contacto con el mundo en la desencantada compañía de expertos que, sobre todo, conocían de él las excepciones del crimen y del éxito; llevaba una vida de adulto mucho antes de tener edad para ello, igual que esos rapazuelos que nunca son tan pueriles como cuando no quieren ser niños y para quienes la mayoría de edad es la ideal frontera pasada la cual se hace todo lo que se quiere. Eso mismo era lo que yo hacía; pero, gracias a Dios, no quería gran cosa aparte de lo que podían entregarme las relaciones femeninas, verosímilmente enternecidas por el personaje de duro que soñaba hacerme para afirmarme mejor y que excedía visiblemente de mis facultades.

Moralmente, los buenos ejemplos que había recibido, y de los que seguía impregnado sin saberlo, me protegían de lo peor; pero estaba, a pesar de todo, en buen camino para proporcionar a mis contemporáneos una variedad asocial de socialista, cuando una sigilosa conjuración de casualidades me hizo caer en la divina emboscada que ahora he de relatar.

Hubo primero un encuentro a la orilla del Sena, bajo el puente de hierro que atraviesa el río a la altura de la estación de Austerlitz. Allí, entre el ruido de los metros y el desliz orlado de las pinazas, se encuentra el pequeño edificio de ladrillos del Instituto Anatómico Forense. Acodado en el pretil, miraba cómo se escapaba el agua mientras danzaba lentamente su vals melancólico, cuando un colega, al que no conocía, vino a hacerme compañía.

Era un muchacho de veinticinco o veintiséis años, de cabellos en suave cepillo y cara maliciosa. El humo de un cigarrillo, que sostenía casi verticalmente entre sus labios cerrados, le obligaba a fruncir con gracia sus párpados y multiplicaba los pliegues irónicos de un rostro en el que todas las líneas volvían sobre sí mismas como puntos de interrogación. Toda su persona sugería la idea de una risa contenida y sujeta con gran esfuerzo, que lograba escaparse de vez en cuando por un ángulo de la boca o por la lumbrera bruscamente abierta de una mirada chispeante de centellas azules. Una vez dichas las vulgaridades propias del servicio, pasó de golpe, no me atrevo a decir al objeto de su visita, sino a las cuestiones más directas, y para las que yo estaba menos preparado, sobre mi pasado, mi presente, mi futuro; en suma, quería saber cuál era mi ideal en la vida. Justo lo que nunca me había planteado.

Tenía ideas, que procedían directamente de la heredad paterna, adornadas con una pizca de escepticismo volteriano; pero ¿un ideal? ¿Qué era un ideal? No estaba seguro de saberlo. Apremiado, bajo la probable inspiración de los barcos que descendían por el Sena bajo nuestros pies, o pensando en mi expansión favorita, contesté: «El *rowing*»[24]. Dicho de otro modo, pero con más espiritualidad, el remo.

El efecto de mi respuesta fue prodigioso. Si no hubiese estado el pretil, mi preguntón, a fuerza de reír, hubiese caído al agua. Todos sus rasgos habían hecho saltar sus ataduras, su mentón le tocaba las rodillas, reía hasta llorar, hasta ahogarse, hasta dar miedo, de una manera tan explícita que lo cómico de mi profesión de fe se me apareció de repente. Me vi, salido de ninguna parte, bogando eternamente —con

[24] En inglés en el original. *(N. del T.)*.

elevación de ideal— para ir a ninguna parte, y me puse a reír también, más discretamente, sin embargo. Las manifestaciones de hilaridad son raras alrededor del depósito de cadáveres. La puerta se abrió y el médico apareció en el umbral. No era, en modo alguno, como temí por un instante, para ofenderse, sino para comunicarnos el resultado de sus trabajos. Tomamos algunas notas, luego nos separamos. Mientras que se alejaba vi la espalda de mi compañero sacudida por breves convulsiones. Aún reía. No habíamos de volver a vernos durante un año, hasta que una nueva casualidad nos reunió; esta vez en el mismo periódico. Pero el azar, dijo Napoleón, jamás es la causa de algo.

La ventaja de ser hijo de alguien es que se encuentra con facilidad un empleo. El inconveniente es que se puede perder con la misma facilidad con que se ha encontrado. Lo que os concierne sucede en otra parte. Un buen día, el periódico que me empleaba me despidió sin explicaciones. Al día siguiente, mi padre me hacía entrar en el periódico rival, propiedad de un poderoso naviero que tenía simpatías en las izquierdas y que me lanzó un discurso paternal en un austero despacho del barrio de la Bolsa, antes de hacer que me condujesen a la Redacción, a la que no iba nunca. Allí volví a encontrar, entre los «asalariados callejeros» de la casa, a mi burlón del depósito de cadáveres, que me dijo su nombre: se apellidaba Willemin, se llamaba igual que yo y se estableció entre nosotros una especie de connivencia inmediata acerca de la que me he interrogado con frecuencia sin resultado. Nos parecíamos lo menos posible. Linfático, vagamente amargo, con esa amargura que a los veinte años se cree que sienta bien a la tez, poco sociable, yo era de esos soñadores sin sueños que siempre se distraen cuando nada tienen que hacer. Vivo, abundantemente dotado, impaciente por vivir, Willemin poseía un extraño sentido de la vida, que hacía de la existencia con él un poema fantástico, al que las necesidades de la rima alzaban con frecuencia sobre las necesidades de la lógica. Era el tercer hijo de una institutriz lorenesa que se había quedado viuda con tres muchachos y una niña, que eran otros tantos genios escolares.

El mayor, primero en todo y todo el tiempo, alargaba indefinidamente su guirnalda de laureles. Se le veía haciéndose un hombre en la investigación erudita, renovando las matemáticas o la filosofía, ingresando en la Academia de su elección con la edad de los generales de la Revolución. Decepcionó un poco cuando se descubrió vocación de veterinario y afición a las manifestaciones folklóricas.

El segundo fue ese agregado de medicina que planteó un día sobre sí mismo, ante sus alumnos lívidos de emoción, un diagnóstico de tumor cerebral. La evolución de la enfermedad, la operación horrorosa que sufrió, en parte bajo su propio control, le proporcionaron una serie de honores única en el mundo; después murió. Era un héroe.

La hija, tras excelentes estudios, se casó con un ingeniero de minas y desapareció con él por la parte de Alès. El más joven —el mío, en cierto modo— había tenido una adolescencia menos rectilínea. Había abandonado sus estudios de medicina por el Conservatorio; luego, el Conservatorio por el periodismo después de haber, creo, obtenido un premio de flauta. Su madre, inquieta, le había seguido a París, llevando con ella amplias provisiones de amor, de prudencia, y una pizca de inocencia campesina que le hacía dar las gracias al señor del reloj parlante, cuya suma amabilidad no dejaba de asombrarla; no podía decidirse a colgar el teléfono en las narices de una persona que exageraba la condescendencia hasta el punto de darle, después de la hora y el minuto, el detalle de los segundos. Bien sabía ella que su patito feo era un cisne como los otros. Si tardaba en manifestarse era que no había podido empollarlo con bastante cuidado; así nunca perdía la ocasión de echar un ala sobre él, que se divertía alborotándole las plumas. Por lo demás, su inestabilidad tocaba a su fin. Viendo en torno a sí la profesión poblada de jóvenes que, en su mayor parte, habían renunciado prematuramente a sus estudios, decidió continuar los suyos y, mientras que nosotros sesteábamos en los sillones de nuestro naviero, esperando que pluguiese a algún volcán entrar en erupción, él trabajaba en un rincón de la Redacción entre dos pilas de libros de medicina, remangado, con el semblante obstinado. El hilo azul de un cigarrillo, que subía ante la maleza de las cejas, le daba el aire de un campamento abandonado que humea todavía.

Hechos así uno y otro, llegamos a ser algo raro, íntimo inédito, como una yunta de siameses desparejados.

En esta amistad he vivido los años más dulces de mi juventud, feliz propietario de un hermano mayor lleno de atenciones, que velaba por mi trabajo y por mi salud. Por la noche, cuando se le antojaba cocinar en su habitación del Quai de Bourbon, que, a falta de dar al Sena dominaba por lo menos la biblioteca de Léon Blum, íbamos a cenar un cucurucho de fritos impresos —quiero decir fritos sobre los que la envoltura de papel de periódico había dejado vestigios de tinta— bajo uno de los puentes de la isla de Saint-Louis.

Católico por su nacimiento, había «perdido la fe» hacia los quince años, para volverla a encontrar en las circunstancias originales que convenían a su genio. Un día que asistía a una conferencia del filósofo cristiano Stanislas Fumet, le había parecido que el orador prestaba gran atención a escritores del siglo XIX, como Ernest Hello, de los que nunca había oído hablar, ni en clase, ni en parte alguna. «Si no sé ni el nombre de pensadores tan importantes, se dijo, es que sé bien poco, luego nada sé»; después de lo cual se fue a hacer acto de humildad en una iglesia, y se encontró bien. La fe, al volver, le trajo dos regalos inesperados: la alegría, la libertad de espíritu. Eso por lo menos afirmaba, sin convencerme.

Puesto que la humildad le había conquistado, emprendió la tarea de inculcarla a los demás. Su método, excesivamente simple, consistía en hacerles sentir hasta qué punto podían ser asnos ante la vida, ante el mundo, marchando a ciegas por los confines del infinito, y cuánto ganarían reconociéndolo sin aguardar más, aprovechando la ocasión de humillarse que el amor del prójimo se obligaba a ofrecerles. Gastaba en esto mucha imaginación, mucha labia, y no ponía en ello ni orgullo, ni suficiencia, ya que el mismo era perfectamente humilde, por gracia y por naturaleza. Sucedía simplemente que tenía la humildad circular y en algún modo «difusiva de sí», como la teología dice de la caridad. El éxito era variable. De acuerdo con su reputación, los «asnos» se mostraban tozudos y, de todas las virtudes de las que podían carecer, la humildad era sin duda alguna aquella cuya ausencia les hacía sufrir menos.

Ni que decir tiene que, a sus ojos, yo era también un asno, y un asno de una especie particularmente calamitosa, la de los asnos republicanos, los asnos sin Dios, pintados de rojo y llenos de propaganda que rebuznar. No tenía consideración alguna por mis ideas. Yo no tenía más por las suyas. Sospechaba que constituía por sí solo la base y la cúspide del «anarco-realismo» que se atribuía. Esta combinación ideológica absolutamente personal, presentaba la ventaja no despreciable de anularse por sí misma y de sustraer la discusión a los aprietos de la argumentación sistemática. El humor ponía el resto. Por la tarde teníamos, bajo nuestros puentes, largas conversaciones que a nada conducían. Alrededor de nosotros la gente hablaba de guerra, de la que no habían terminado de contar, de la que pronto vendría. La actualidad nos mostraba su cabalgata habitual de crímenes y de absurdidades: cada uno sacaba la moraleja del lamentable desfile, de acuerdo con sus convicciones; él viéndolo maniobrado por las izquierdas, yo por las derechas. Hecha la comprobación de nuestros desacuerdos, nos tumbábamos sobre nuestras posiciones, más que nunca separados, más que nunca inseparables.

Bien considerado, creo que la política y sus sucesos del día no ocupaban más espacio en nuestro espíritu que la anécdota en esos cuadros de Brueghel, en los que el tema teórico de la composición se encuentra relegado en un ángulo de la tela invadida de montañas, de cielo y de océano. Sin embargo, volvíamos sin cesar sobre las izquierdas, las derechas, la monarquía, la república, sin avanzar un paso el uno hacia el otro, y pienso que, con la esperanza de asestar un golpe decisivo a mi socialismo obstinado, mi siamés me prestó un día el libro de Nicolás Berdiaeff, titulado *Una nueva Edad Media.*

Este libro, al no alcanzar en absoluto su fin, fue la causa del malentendido que se encuentra en el origen de mi conversión.

Aquí sobreviene el acontecimiento que está en el centro, debería decir en el comienzo, de mi vida, puesto que esta, por la gracia del bautismo, debía revestir la forma de un nuevo nacimiento.

Un acontecimiento que iba a operar en mí una revolución tan extraordinaria, cambiando en un instante mi manera de ser, de ver, de sentir, transformando tan radicalmente mi carácter y haciéndome hablar un lenguaje tan insólito que mi familia se alarmó. Todavía la víspera era un muchacho rebelde y fácilmente insolente, es verdad, pero, desde el punto de vista de la estadística, normal, gravitando en un círculo de ideas conocidas, teniendo, en materia de educación sentimental, el desorden que se decía propio de su edad, en fin, capaz de todo, pero no de sorprender. Al día siguiente era un niño dulce, asombrado, lleno de una alegría grave, cuyo sobrante no podía contenerse de derramar sobre unos allegados, desconcertados por la excentricidad de ese cardo que inopinadamente florecía en rosas.

Se creyó oportuno, suponiéndome hechizado, hacerme examinar por un médico amigo, ateo, buen socialista, que tenía la habilidad de no convocarme a su despacho, donde no habría abierto la boca, sino de venir a casa en visita amistosa y de interrogarme indirectamente, sin insistencia ni curiosidad aparente, no volviendo a los puntos que le interesaban sino después de largos rodeos. Algunas de esas conversaciones sosegadas le pusieron en situación de comunicar a mi padre sus conclusiones: era la «gracia», dijo, un efecto de la «gracia» y nada más. No había por qué inquietarse.

Hablaba de la gracia como de una enfermedad extraña, que presentaba tales y cuales síntomas fácilmente reconocibles. La naturaleza del mal resistía aún al examen, pero los trabajos avanzaban. ¿Era una enfermedad grave? No. La fe no atacaba a la razón. ¿Había un remedio? No; la enfermedad evolucionaba por sí misma hacia la curación; esas crisis de misticismo, a la edad en que yo había sido atacado, duraban generalmente dos años y no dejaban ni lesión, ni huellas. No había más que tener paciencia.

Mi madre no pedía nada mejor. Mi metamorfosis le devolvía la esperanza, y si había que dar gracias a la religión, ¡bien!, ella tendría el realismo de agradecérselo sin cumplidos. Mi padre, al principio, y antes de recurrir a la medicina, se había mostrado menos complaciente. Yo había rogado el secreto a algunas personas que tenían que instruirme, que explicarme la Iglesia y que bautizarme. Comprendía bien lo que podía tener de desagradable para un militante socialista de la envergadura de mi padre, ser contradicho a domicilio por su propio hijo, y había creído que tomaba bastantes precauciones para que el menudo hecho diferente de mi paso al catolicismo no se convirtiera en una novedad política.

Desgraciadamente, el secreto fue mal guardado, y al leer un diario de extrema derecha mi padre se enteró de todo, salvo de lo esencial, es decir, de las circunstancias exactas de mi conversión. El periódico, que no se interesaba precisamente por mi alma, insistía sobre el poco caso que parecía hacer de mi educación socialista al preferir, decía, «la compañía de san Francisco de Asís» a la de los amigos de mi padre. El punto de vista no era muy elevado, pero el golpe hirió. Mi padre creyó comprender que las derechas, ayudadas por algún sacerdote solapado, se habían aprovechado de la fragilidad de mi carácter y de mi ausencia de discernimiento para montar una maniobra contra él. Irritado, rehusó verme; negarse a hablarme no hubiera cambiado gran cosa nuestro estatuto belfortiano.

Durante algún tiempo, mi madre me llevó la comida a mi habitación. Después, mis arrestos se dulcificaron, todo volvió a ser como antes, y fue entonces cuando vino un médico. Se estableció un *modus vivendi*. Se me toleraría mi capricho religioso a condición de que fuese discreto, como lo serían conmigo. Se me rogó que me abstuviese de todo proselitismo en relación con mi hermana menor (ella se convertiría a pesar de todo al catolicismo, y mi madre también, bastantes años después de ella). Respetuosos con nuestras convenciones, me instalé en una especie de catacumba interior, con mis certezas y esa felicidad que tanto me hubiese gustado distribuir, extender, entregar al saqueo. Cuando habitábamos en un ministerio, lo que era cada vez más frecuente, salía furtivamente por la mañana mucho antes de que el portero hubiera comenzado su servicio, e iba a encontrarme con mi querido siamés que me esperaba en la esquina de una calle, con su bamboleante vehículo, para llevarme a una misa del alba en Notre-Dame o en otra parte. Una o dos silleras, canosas bajo su sombrero de paja negra, eran toda nuestra compañía. Las miraba, agarradas a sus reclinatorios como a una escala de Jacob en miniatura, y me decía que tal vez debía a la fidelidad mantenida de edad en edad por tantas ancianas como ellas, el haber encontrado, en la hora señalada, una religión intacta. Un gran arranque de gratitud me llevaba hacia ellas y hacia todos aquellos que habían guardado la fe; hubiese dicho, por poco, que me habían guardado la fe; la idea de que la religión habría podido desaparecer de la superficie de la tierra antes de mi llegada me daba el escalofrío de los terrores retrospectivos.

Paja de sombreros y paja de sillas, grano de evangelios y candeal de hostia, ¡qué bien estábamos bajo las vigas de piedra gris, en la soledad de esos graneros donde el sacerdote, acompañado por la imperceptible música del amanecer, realizaba en el altar su milagro tranquilo!

Después de la misa, íbamos a pechar con nuestro plantón en el periódico, cargados hasta irnos a pique de riquezas que, teníamos que darnos cuenta, a nadie tentaban. Éramos dos Cristóbal Colón que volvían de las Américas en medio de la indiferencia general. Unos huían de nuestra solicitud, otros pretendían haber descubierto América antes que nosotros, y estar de vuelta hace mucho tiempo. ¿Era posible? ¡Hablaban de ello tan poco, tan mal! El poderoso naviero me hizo llamar: fue para dirigirme una afectuosa e insistente homilía sobre los peligros del misticismo, fuera de ciertos límites por lo demás fáciles de alcanzar. Sobre todo, que no fuese a hacerme fraile: me comprometería con lo irrevocable, causaría la desesperación de mis padres; por cierto que también la mía, algún día. No pensaba más que en mi bien. ¿Le comprendía? Sí, le comprendía, pero le escuchaba mal; su voz me llegaba, lejana, desde el fondo de un mundo sumergido. Hubiera querido ayudarle. Se hubiera sorprendido de darse cuenta.

¿Con quién podría compartir lo que había recibido, lo que me embriagaba? En casa, nuestros amigos socialistas me consideraban un poco débil de espíritu y me trataban con la mansedumbre apropiada. En el periódico, estaba claro que después de haber intrigado, nos indisponíamos. Nos veíamos reducidos a trasegar nuestros pensamientos a solas, y el pasillo de la redacción era el claustro donde se intercambiaban los versículos y las respuestas de nuestra novísima alegría. Para tranquilizar, nos inventábamos citas de amor con criaturas imaginarias, lo contrario de la vieja costumbre que pretende que se cubran las escapadas sentimentales con una coartada decente.

Uno solo de nuestros compañeros se mostraba ávido de saber el contenido de nuestras conversaciones, de nuestras risas, de nuestros cuchicheos. Con tal de picar su curiosidad por más tiempo, le contestamos en tono entre serio y divertido que hablábamos de ciertas cosas, de algunas cosas, en fin, de cosas que él no podía comprender, puesto que no estaba bautizado, ni era creyente, ni deseoso de serlo. Como protestara con vehemencia de su buena voluntad, le dimos como consigna que, si quería verdaderamente la fe, fuese a buscarla a la iglesia de

Saint-Nicolas-des-Champs, en donde no dejaría de encontrarla. Le bastaría, para ello, con asistir todas las mañanas, durante un mes, a la misa de seis: nosotros salíamos fiadores del resultado. Recuerdo que éramos muy jóvenes y no necesito precisar que de nada dudábamos. Nuestro compañero siguió escrupulosamente nuestras instrucciones. Todas las mañanas iba a misa. «¿Y bien?»; le preguntábamos cuando llegaba al periódico. «Nada», contestaba afligido. Nada al cabo de quince días, nada al cabo de tres semanas. Comenzábamos a estar sordamente inquietos. Cuando el mes transcurrió día tras día, estábamos sobre ascuas. ¿Había encontrado, por fin, la fe imprudentemente prometida? No, nos dijo con una horrible mueca. Le era forzoso reconocer que no creía, a pesar de nuestras seguridades, de nuestra seguridad. Estábamos consternados.

Pero qué sorpresa fue la nuestra al enterarnos, al día siguiente, de que nuestro energúmeno —así llamaban antaño al aprendiz de cristiano— había ido una vez más a la iglesia. No tenía fe, pero no podía pasarse sin la misa, de tal manera y tan bien que terminó por ser cristiano de la forma menos corriente que existe: por codicia y por testarudez. A su hora, y no a la nuestra. Su obstinación le valió una fe maravillosa de frescura y la costumbre de proceder por intimaciones a lo divino. Llevaba el nombre de un pececillo. Aún está en la red.

No siempre procedíamos de esta manera extravagante. Pero nos esforzábamos en vano, ya que los curiosos eran raros. Por mi parte, pronto me di cuenta de que ni siquiera se me creería, de que ni se me escucharía, mientras no hubiese aportado la prueba de mi buen sentido, de mi aptitud para vivir como los demás, superando exámenes, ganando mi vida de otra forma que por medio de relaciones, en pocas palabras, actuando de manera que un día se aceptase, si no seguirme, por lo menos entenderme. Vi que antes de demostrar a Dios, tenía que demostrarme a mí mismo. El relato que vais a leer fue aplazado tanto, hasta que me di cuenta de que, a fuerza de pasar por razonable, corría el riesgo de serlo demasiado. Si me permitís una última humorada, diría que después de mi conversión he pasado tanto tiempo tratando de demostrar mi equilibrio, que lo he perdido.

Espero que, mientras caminábamos, habré demostrado que nada me predisponía a la religión excepto el hecho de que carecía de religión. Si mis padres, de quienes solo he recibido cariño y buenos tratos, hubiesen tenido fe, me la habrían comunicado, naturalmente. Puesto que no la tenían —y a pesar de que el socialismo no había apagado del todo el protestantismo de mi madre—, era natural que me educasen en la concepción del mundo que era la suya y que ha sido la mía hasta los veinte años. Nada he ocultado que debiera ser dicho sobre mis años de juventud, pero nada he dicho sobre lo que una buena costumbre —algo perdida— mandaba ocultar antiguamente, como esas experiencias y perturbaciones de la adolescencia sobre las que verdaderamente nada tengo que decir que pueda enseñar algo a alguien.

En fin, lamento haber hablado tan a menudo en primera persona; pero ¿cómo librarse de esta desagradable necesidad? Un gran hombre, y con gran talento, a quien contaba mi historia no pudo impedir que se manifestara su asombro exclamando: «Le estimo mucho, pero, en fin, *¿por qué usted?*». La respuesta es que no hay respuesta. He sido un muchacho vulgar, y además con algunas debilidades, sin otras señas particulares que un pie partido por la explosión de una bomba y una clara propensión a la ausencia intelectual, moral y, en lo posible, física. Según las Escrituras, la gracia no hace acepción de personas y creo haber demostrado que, dirigiéndose a mí, se dirigía a cada hijo de vecino. Lo que me ha sucedido puede suceder a todo el mundo, al mejor, al menos bueno, al que sabe, al que cree saber; al lector mañana mismo, esta tarde quizás, con seguridad un día.

Nicolás Berdiaeff poseía una magnífica inteligencia, un espíritu sobrecargado de ideas cuyo peso hacía que, a veces, se le trabase la lengua. Después aprendí a admirarle; pero tenía entonces para mí un muy grave defecto: creía en Dios y hablaba de Él no por hipótesis científica, cosa admisible, sino como si verdaderamente existiese, lo que —a mi modo de ver— quedaba por demostrar. El recurso a Dios para explicar el mundo y la historia me parecía un subterfugio indigno de un filósofo. ¿Qué valdría una novela policíaca en la que el enigma clásico del asesinato en un local cerrado, fuese artificialmente resuelto por la intervención de un ser sobrenatural capaz de atravesar los muros? Así razonaba en aquella época y por eso la lectura de *Una nueva Edad Media* no me hizo la menor impresión. Este escritor era un autor religioso; las conclusiones que sacaba de su fe respecto al marxismo, a la Revolución rusa, o a la Revolución francesa, no me concernían, no podían conmoverme. Ese fue el espíritu con que respondí a Willemin, cuando mostró curiosidad por conocer mi parecer, que ese libro «no se discutía». Dando a Dios por sentado, lo demás seguía con pleno derecho; ninguna discusión posible.

El entendió, completamente al revés, que Berdiaeff me había convencido. Se puso contentísimo y quiso que festejásemos el acontecimiento comiendo juntos, cosa para la que siempre estaba yo dispuesto. Me gustaba su compañía, su agilidad de espíritu para sobresalir, se tratase de flauta, de medicina, de periodismo, de cocina lorenesa, o de imitaciones cómicas, contento —si no compartía sus ideas— de reír por las mismas cosas, al mismo tiempo que él. Mi poca afición a las situaciones claras o el temor de quitarle su buen humor, hicieron que no tuviese el valor de sacarle de su error y que le dejara en la alegría. Puesto que íbamos a cenar, pensaba, ya habría ocasión de desengañarle a los postres. Este fue el malentendido ejemplar del que ya he dicho, unas páginas antes, que se encontraba en el comienzo de mi conversión.

Nos largamos del periódico un poco antes de las cinco de la tarde y marchamos en su viejo coche —lujo entonces inaudito para lo jóvenes que éramos—, una de cuyas portezuelas era necesario mantener cerrada con el codo. Atravesamos el Sena, lejos de la isla de Saint-Louis; luego no iríamos a su casa. La plaza Maubert; suponía que iríamos a la calle Mouffetard, donde se compraban los fritos impresos. Así, pues, comeríamos bajo los puentes. No veía inconveniente alguno. Nos costaría un franco, más algunos cuartos para la botella de vino llena hasta el tapón de un líquido azul oscuro, agradablemente malva y translúcido a partir del gollete. Sin embargo, cuando hubimos franqueado sin apearnos la plazuela en la que desemboca la calle Mouffetard, me di por vencido. Después de todo, tal vez cenaríamos en el restaurante, aunque fuese todavía muy pronto para eso. Doy más de un dato que puede parecer insignificante. El lector tendrá la bondad de reconocer que uno está muy inclinado a entrar en detalles cuando ha tenido la extraña fortuna de asistir a su propio nacimiento.

No hacía preguntas. Me dejaba llevar por esa amistad, descuidado de la dirección que había escogido. Por cierto, que el itinerario se hacía cada vez menos explicable: describiendo un círculo en torno al Barrio Latino, volvimos sobre nuestros pasos por la calle Claude-Bernard, después por la de Ulm. ¿Qué nos llevaba a esos parajes despoblados por las vacaciones escolares? Nos detuvimos un poco antes de la Escuela Normal Superior, frente a mi antigua

Escuela de Artes Decorativas. Mi compañero descendió y, con la cabeza inclinada en el centro de la portezuela, me ofreció que le siguiera o que le esperara unos minutos. Le esperaría. Tenía, sin duda, una visita que hacer. Le vi atravesar la calle, empujar una puertecita cerca de un gran portal de hierro sobre el que emergía la techumbre de una capilla. Bueno, iba a rezar, a confesarse; en fin, a entregarse a una u otra de esas actividades que ocupan tanto tiempo a los cristianos. Razón de más para permanecer donde estaba.

Estamos a 8 de julio. El verano es magnífico. Ante mí, rectilínea, la calle de Ulm abre su zanja soleada hasta el Panteón, que visto por este lado tiene la ventaja de presentarse casi a plomo. ¿Cuáles son mis pensamientos? No me acuerdo. Vagos, como de costumbre, deben de errar a lo largo de los muros en busca de algún saliente, de algún ángulo, de un motivo geométrico al que asirse un momento. ¿Mi estado interior? De atenerse al informe que la conciencia puede dar de sí misma, perfecto, quiero decir, sin ninguna de esas perturbaciones que, según se pretende, disponen al misticismo.

No tengo penas de amor. Aquella misma tarde —esto para los que, haciendo profesión de perspicacia, explican la religión por su contrario, el espíritu por el cuerpo, lo más por lo menos y, muy especialmente, lo alto por lo bajo— he tenido una cita con una joven alemana de Bellas Artes, rubia, con los rasgos delicados de las solteras un poco gruesas, que me ha hecho esperar una defensa moderada de sus fronteras. Pronto estará tan completamente olvidada que ni siquiera pensaré en excusarme.

No tengo angustias metafísicas. Las últimas me sobrevinieron a eso de los quince años, en la forma insistente que he descrito al principio de este libro: el universo que me asedia y me ensordece con eso que no veo la manera de llamar de otra forma que su locuacidad muda, va a entregarme (es inminente) el secreto de su existencia. Nada en absoluto me ha entregado, y después he renunciado a acosarlo. Creo, con nuestros amigos socialistas, que el mundo es una política y una historia, y la metafísica el más decepcionante de los pasatiempos. De todas formas, si creyera que existiese una verdad, los sacerdotes serían las últimas personas a las que iría a preguntarla, la Iglesia, a la que no conozco sino a través de algunas de sus chapuzas temporales, el último lugar donde iría a buscarla. Mi oficio nada ha contribuido para atenuar mi escepticismo, pero ha hecho mucho para esfumar los temores que mi adolescencia desalentadora había causado a mis padres. Lo ejerzo demasiado joven y desde hace demasiado poco tiempo para ocasionarme esas decepciones que pueden crearnos un vacío, una sensación de soledad favorable para la aparición de un sentimiento religioso. No tengo preocupaciones, no las causo a los demás; la amistad de Willemin ha alejado las compañías peligrosas que durante algún tiempo habían sido las mías. En el plano general, el año es tranquilo, sin disturbios nacionales, sin amenaza exterior directa. La alarma no ha sonado aún; ninguna ansiedad obsidional en mi caso. Mi salud es buena; soy feliz, tanto como se puede ser y saberse; la velada se presenta agradable, y espero.

En fin, no siento curiosidad alguna por las cosas de la religión, que pertenecen a otra época.

Son las cinco y diez. Dentro de dos minutos seré cristiano.

Ateo tranquilo, nada sé evidentemente cuando, cansado de esperar el fin de las incomprensibles devociones que retienen a mi compañero algo más de lo que había previsto, empujo a mi vez la puertecita de hierro para examinar más de cerca, como dibujante, o como mirón, el edificio en el que estoy tentado de decir que se eterniza (de hecho, le habría esperado, todo lo más, tres o cuatro minutos).

Lo que se podía ver de la capilla por encima del portal no era para entusiasmarse. Nada gana —si hablo mal de su colmena, perdónenme las hermanitas cuyo hermanito voy a ser— con verse desde su pie. Es, en el fondo de un patinillo, uno de esos edificios de un gótico preparado a la inglesa, construidos a finales del XIX por arquitectos decididos a poner orden en el estilo ojival, y que le han quitado así la vida y el movimiento. No escribo esto por el placer dudoso de criticar un arte a cuya reputación nada hay que añadir, sino para que esté claro que la emoción artística no tuvo parte alguna en lo que va a seguir. El interior no es más estimulante que el exterior. Es el casco vulgar de una nave de piedra cuyas líneas, de un gris sombrío, se detienen y reparten antes de tener la oportunidad de realizar el hallazgo cisterciense de lo austero y lo bello. La nave está claramente dividida en tres partes. La primera, cerca de la entrada, está reservada para los fieles, que rezan en la penumbra. Vidrieras, debilitadas por la masa de la obra circundante, calcan un poco de luz sobre algunas estatuas y un altar lateral adornado con ramilletes.

La segunda parte está ocupada por las religiosas, con las cabezas cubiertas por un velo negro, que forman ordenadas filas de pájaros replegados en sus travesaños de madera barnizada. Más tarde me enteraré de que son hermanas de la «Asociación Reparadora», congregación fundada después de la guerra de 1870 como piadosa réplica a ciertos excesos de la Comuna. Relativamente poco numerosas —más adelante se verá que el detalle tiene su importancia—, pertenecen a una de esas órdenes contemplativas que han escogido la prisión para hacernos libres, la oscuridad para que tengamos la luz, y que la moral materialista, la mía aún durante un minuto, o dos, pretende que para nada sirven. Dicen una especie de plegaria a dos voces que se responde a sí misma de una orilla a otra de la nave para resolverse a intervalos regulares en la exclamación: *gloria patri et filio, et spiritui sancto,* antes de proseguir el chorro alternado de su navegación apacible. No sé que se trata de salmos, no sé que estamos en maitines, y que estoy acunado por el leve balanceo de las horas canónicas.

El fondo de la capilla está vivamente iluminado. Sobre el altar mayor revestido de blanco, un gran aparato de plantas, candelabros y adornos, está dominado por una gran cruz de metal labrado que lleva en su centro un disco de un blanco mate. Otros tres discos del mismo tamaño, pero de un matiz imperceptiblemente diferente, están fijos en las extremidades de la cruz. Ya he entrado en iglesias, por amor al arte, pero nunca he visto una custodia habitada, ni creo que una hostia, e ignoro que estoy ante el Santísimo Sacramento, hacia el cual se elevan dos filas de cirios encendidos. La presencia de los discos suplementarios y las complicaciones doradas de la decoración, me hacen aún más difícil la identificación de ese sol lejano.

Se me escapa el significado de todo eso y con más facilidad, ya que no lo persigo. En pie cerca de la puerta busco con la vista a mi amigo y no consigo reconocerlo entre las formas arrodilladas que me preceden. Mi mirada pasa de la sombra a la luz, vuelve a la concurrencia sin traer ningún pensamiento, va de los fieles a las religiosas inmóviles, de las religiosas al altar: luego, ignoro por qué, se fija en el segundo cirio que arde a la izquierda de la cruz. No el primero, ni el tercero, el segundo. Entonces se desencadena, bruscamente, la serie de prodigios cuya inexorable violencia va a desmantelar en un instante el ser absurdo que soy y va a traer al mundo, deslumbrado, el niño que jamás he sido.

Antes que nada, me son sugeridas estas palabras: *vida espiritual.*

No me son dichas, no las formo yo mismo, las escucho como si fuesen pronunciadas cerca de mí, en voz baja, por una persona que vería lo que yo no veo aún.

La última sílaba de este preludio murmurado alcanza apenas en mí la orilla de lo consciente, que comienza una avalancha al revés. No digo que el cielo se abre; no se abre, se eleva, se alza de pronto, fulguración silenciosa, de esta insospechada capilla en la que se encontraba misteriosamente incluido. ¿Cómo describirlo con estas palabras huidizas, que me niegan sus servicios y amenazan con interceptar mis pensamientos para depositarlos en el almacén de las quimeras? El pintor a quien fuera dado entrever colores desconocidos, ¿con qué los pintaría? Es un cristal indestructible, de una transparencia infinita, de una luminosidad casi insostenible (un grado más me aniquilaría) *y más bien azul;* un mundo, un mundo distinto de un resplandor y de una densidad que despiden al nuestro a las sombras frágiles de los sueños incompletos. Él es la realidad, él es la verdad, la veo desde la ribera oscura donde aún estoy retenido. Hay un orden en el universo, y en su vértice, más allá de este velo de bruma resplandeciente, la evidencia de Dios; la evidencia hecha presencia y la evidencia hecha persona de Aquel mismo a quien yo habría negado un momento antes, a quien los cristianos llaman *Padre nuestro,* y del que me doy cuenta que es dulce; con una dulzura semejante a ninguna otra, que no es la cualidad pasiva que se designa a veces con ese nombre, sino una dulzura activa que quiebra, que excede a toda violencia, capaz de hacer que estalle la piedra más dura y, más duro que la piedra, el corazón humano.

Su irrupción desplegada, plenaria, se acompaña de una alegría que no es sino la exultación del salvado, la alegría del náufrago recogido a tiempo; con la diferencia, sin embargo, de que es en el momento en que soy izado hacia la salvación cuando tomo conciencia del lodo en que, sin saberlo, estaba hundido, y me pregunto, al verme aún con medio cuerpo atrapado por él, cómo he podido vivir allí, respirar allí.

Al mismo tiempo me ha sido dada una nueva familia, que es la Iglesia, que tiene a su cargo conducirme a donde haga falta que vaya; bien entendido que, a pesar de las apariencias, me queda alguna distancia que franquear y que no podría ser abolida más que por la inversión de la gravedad.

Todas estas sensaciones que me esfuerzo por traducir al lenguaje inadecuado de las ideas y de las imágenes son simultáneas, comprendidas unas en otras, y pasados los años no habré agotado el contenido. Todo está dominado por la presencia, más allá y a través de una inmensa asamblea, de Aquel cuyo nombre jamás podría escribir sin que me viniese el temor de herir su ternura, ante Quien tengo la dicha de ser un niño perdonado, que se despierta para saber que todo es regalo.

Fuera seguía haciendo un tiempo hermoso, yo tenía cinco años y ese mundo anteriormente hecho de piedra y de alquitrán era un gran jardín donde se me permitía jugar todo el tiempo que pluguiera al cielo dejarme en él. Willemin, que caminaba a mi lado y parecía haber descubierto algo singular en mi fisonomía, me observaba con insistencia médica: «¿Pero qué te pasa? —Soy católico», y como si tuviera miedo de no ser bastante explícito, añadí: «apostólico y romano», para que mi confesión fuese completa. «Tienes los ojos desorbitados. —Dios existe, y todo es verdad. —¡No, si te vieses!». No me veía. Yo era una lechuza que hace al mediodía la experiencia del sol.

Cinco minutos más tarde, en la terraza de un café de la plaza de Saint-André-des-Arts, contaba todo a mi compañero. En fin, todo lo que en lucha con lo inexpresable llegaba a decir de ese mundo súbitamente desplegado, de ese sólido resplandeciente, que había hecho estallar sin ruido la casa de mi infancia y reducido mis paisajes a vapor. Los escombros de mis construcciones interiores cubrían el suelo. Observaba a los viandantes que caminaban sin ver y pensaba en su maravillado asombro cuando a su vez hicieran el hallazgo que acababa de hacer. Seguro de que la misma aventura les sucedería pronto o tarde, me divertía anticipadamente con la sorpresa de los incrédulos y de los que dudaban sin dudar. Como uno de nosotros dos evocó a ese dictador teatral que había concedido al cielo dos minutos para fulminarlo, sin lo cual se consideraría autorizado a declararlo públicamente vacío, la absurdidad de ese desafío lanzado al infinito por ese grano de polvo nos dio una risa nerviosa. Dios estaba, e incluso estaba allí, revelado y oculto por esa embajada de luz que, sin discursos ni figuras, hacía comprenderlo todo, amarlo todo. Me doy cuenta de lo que tales alegaciones pueden tener de excesivas, ¿pero qué puedo hacer yo, si el cristianismo es verdadero, si hay una verdad, si esa verdad es una persona que no quiere ser incognoscible?

El milagro duró un mes. Cada mañana volvía a encontrar, con éxtasis, esa luz que hacía palidecer al día, esa dulzura que nunca habría de olvidar y que es toda mi ciencia teológica. La necesidad de prolongar mi estancia en el planeta, cuando existía todo ese cielo al alcance de la mano, no se me mostraba con mucha claridad y la aceptaba por agradecimiento más que por convicción. Sin embargo, luz y dulzura perdían cada día un poco de su intensidad. Finalmente, desaparecieron sin que por eso me viese reducido a la soledad. La verdad me sería dada de otro modo; iría a buscar después de haber encontrado. Un sacerdote del Espíritu Santo se hizo cargo de prepararme para el bautismo instruyéndome en la religión de la que no he de precisar más sino que nada sabía. Lo que me dijo de la doctrina cristiana, lo esperaba y lo recibí con alegría; la enseñanza de la Iglesia era cierta hasta la última coma, y yo tomaba parte en cada línea con un redoble de aclamaciones, como se saluda una diana en el blanco. Una sola cosa me sorprendió: la Eucaristía, y no es que me pareciese increíble; pero me maravillaba que la caridad divina hubiese encontrado ese medio inaudito de comunicarse y, sobre todo, que hubiese escogido para hacerlo el pan que es alimento del pobre y alimento preferido de los niños. De todos los dones esparcidos ante mí por el cristianismo, ese era el más hermoso.

Colmado así de bendiciones, creí que mi vida sería una Navidad que no acabaría. Las personas de experiencia a las que me había confiado, podían advertirme que ese estado de privilegio tendría un fin, que las leyes del crecimiento espiritual eran iguales para todo el mundo, que después de las suavidades de la excursión por los verdes prados de la gracia sensible, vendrían la roca, la escalada, el riesgo, y que no siempre sería ese niño feliz; apenas les escuchaba. Estaba muy decidido a no cometer por segunda vez el error de crecer; esa era mi sabiduría, menos segura que la suya. Ellas tenían razón, yo me equivocaba. Celebrada la Navidad, hubo que pasar por las cosas, por la piedra y por el alquitrán de un mundo que volvía a tomar poco a poco, solapadamente, su consistencia. Y hubo un Viernes Santo y hubo un Sábado Santo, silencio donde muere un grito.

Dos veces se abatió sobre mi hogar el sufrimiento más grande que puede infligirse a seres humanos. Los padres me comprenderán, las madres mejor aún, sin más palabras. Dos veces he tomado el camino del cementerio provinciano donde está señalado mi puesto, buscando con horror el recuerdo de la misericordia. Incapaz de rebeldía, excluido de los refugios de la duda, ¿de qué dudaría, sino de mí mismo?, he vivido con esa lanza en mi pecho y sabiendo que Dios es amor.

No escribo para hablar de mí, sino para dar testimonio, y mi testimonio exige que también eso sea dicho. La tumba que será la mía forma el ángulo de dos calles. Un día tuve la distraída curiosidad de ver cuál era la tumba vecina, que se le yuxtapone exactamente: era la sepultura de las Hermanas de la Adoración Reparadora. Conozco demasiado hasta qué punto las intervenciones del espíritu son diferentes e indudables, para hablar de señal. La coincidencia me bastó. A quinientos kilómetros de distancia, las hermanitas que han asistido a mi nacimiento estarán allí también en la hora de mi muerte, y pienso, creo, sé, que esos dos instantes serán idénticos, como serán uno solo, en fin, los seres perdidos, la dulzura reencontrada.

Amor, para llamarte así, la eternidad será corta.

Este libro, publicado por
Ediciones Rialp, S. A.,
Manuel Uribe, 13-15. 28033 Madrid,
se terminó de imprimir
en Estilo Estugraf, S. L.,
Ciempozuelos (Madrid),
el día 26 de julio de 2024